Gisela Krahl, Autorin und Lektorin, übt sich seit langem als kräuterkundige Köchin von Lebenselixieren aller Art. Sie lebt mit ihrer Familie in Hamburg. Im Wunderlich Verlag erschienen außerdem: «Wonnestunden» (1990), «Tausendschön. Die großen Rezepte und die kleinen Geheimnisse der Kosmetik zum Selbermachen» (1995) sowie «Das Schlampenkochbuch. Für gewitzte Anfänger, eilige Gourmets und alle, die mit links etwas zaubern möchten» (1998).

Gisela Krahl

SCHÖNES LEBEN –

BADEFESTE

Das reine Vergnügen

Rowohlt

Veröffentlicht im Rowohlt Taschenbuch Verlag GmbH,
Reinbek bei Hamburg, Mai 1998
Copyright © 1998 by Rowohlt Verlag GmbH,
Reinbek bei Hamburg
Gestaltung und Typographie Constanze Hinz
Illustrationen Birgit Meyer
Umschlaggestaltung Barbara Thoben
(Foto: Take, Hamburg)
Satz: Minion, PostScript, QuarkXPress 3.32
Gesamtherstellung Clausen & Bosse, Leck
Printed in Germany
ISBN 3 499 60193 1

INHALT

Kleopatra lebt heute in einer Neubauwohnung

Obwohl die Kultur der Badehäuser, in denen man zugleich Geselligkeit und Schönheit pflegte, zumindest in Westeuropa weitgehend ausgestorben ist, muß man auf den Luxus eines wohligen und belebenden Wannenbades nicht verzichten. Jedes noch so kleine Badezimmer kann zur sinnlichen Oase werden, in der Körper und Geist Erholung finden.

Am wichtigsten ist dabei natürlich die Badewanne. Sie ist der Mittelpunkt des Badezimmers.
Besonders schön ist es, wenn sie so groß ist, daß zwei Erwachsene oder mehrere Kinder bequem darin Platz haben. Da die meisten Wannen dafür leider zu klein geraten sind, sollte zumindest ein bequemer Stuhl oder eine Bank im Bad stehen, damit einem gelegentlich ein anderer Mensch Gesellschaft leisten kann oder vielleicht etwas vorliest, während man selbst in den Fluten schwelgt. Badezimmer wirken häufig wenig gemütlich, eher etwas zu clean und hygienisch, besonders wenn sie neu und ordentlich gekachelt sind. Da geben ein paar Grünpflanzen oder Blumen dem Raum gleich viel mehr Charme. Auch Bilder, eventuell durch Plastikfolie geschützt, Kerzen und leise Musik verschönern die Stimmung.

Es ist wichtig, daß Sie sich schon beim Eintritt in Ihr Badezimmer wie Kleopatra fühlen. Denn das Bad ist nicht nur Ort der Hygiene, Pflege und Reinigung, sondern vor allem ein Ort der Meditation und Muße, ein Ort für Luxus und Genuß. Es kann sogar ein besonderer Ort der Liebe sein.

Baden hält Leib und Seele zusammen und ein Bad hat nicht nur praktische, sondern auch rituelle und soziale Bedeutung. Schon seit ewigen Zeiten geben kluge Frauen frische Erdbeeren oder Milch, Gemüsewasser oder Wäschestärke und zermatschte Gurken als Badezusatz in die Wanne. Das ist auf jeden Fall ein guter Einfall, denn eigentlich mag unsere Haut gar keine Schaumberge mit Superwaschkraft. Die sind noch nicht mal für schmutzige Kinder oder ölige Automechaniker angebracht, weil sie die Haut viel zu sehr austrocknen. Lieber sollte man, wenn man wirklich sehr schmutzig ist, eine milde Seife nehmen.

Entscheidend ist, was Sie mit dem Bad bezwecken wollen: Soll es Sie reinigen und erfrischen, wollen Sie sich aufwärmen und entspannen, oder ist Ihnen einfach nach einer kleinen, duftenden Sinnenfreude?

Ein schönes Bad muß einfach duften, es kann beruhigen, erfrischen oder anregen, auf jeden Fall sollte es pflegen. Wenn die Haut warm ist, nimmt sie auch ätherische Öle besonders gut auf. Pflegende Stoffe wie Fett, Vitamine, Schleifsubstanzen, Reinigungsstoffe, Weichmacher, Zartmacher, Feinmacher und Schönmacher, all das hat bei hoher Temperatur einen guten Einfluß auf müde, gestreßte, graue oder rote, gereizte oder faule Haut.

Ein normales Bad dauert etwa 20 Minuten. Wie heiß das Wasser sein sollte, hängt davon ab, was die Badenden vertragen können. Japaner zum Beispiel baden bei 42–45 Grad, während den Europäern meist schon 36–39 Grad reichen. Je heißer das Wasser ist, desto mehr zirkuliert das Blut in der Haut, der Körper wird krebsrot, schwitzt und scheidet über die Schweißdrüsen heftig Giftstoffe aus. Wenn Sie es ein wenig milder mögen, gönnen Sie sich einfach ein lauwarmes Bad und aalen sich in milchigen Fluten.

GRUNDAUSSTATTUNG FÜR DAS SINNLICHE BADEZIMMER

Um aus Ihrem eher schlichten Badezimmer im Handumdrehen eine Luxusoase zu machen, brauchen Sie nur ein paar praktische Gegenstände und vor allen Dingen die Zutaten für die verschiedensten Wannenbäder. Aber keine Angst: das meiste findet sich wahrscheinlich ohnehin in Ihren Küchen- oder Vorratsschränken an, und die Besorgungen der fehlenden Essenzen sind schon an sich ein sinnliches Vergnügen.

Schaffen Sie sich ein Badesäckchen aus Leinen oder Mull an (nähen oder nähen lassen). Dahinein füllen Sie die Kräutermischungen, hängen das Säckchen schon beim Einlaufen über den Wasserhahn und rubbeln sich später damit ab, um die Wirksamkeit der duftenden Kräuter voll auszukosten.

Nützlich ist auch ein Luffahschwamm oder Handschuh aus dem flachen, fasrigen Gerippe einer südafrikanischen Pflanze, den Sie in Gesundheitsläden, in Kaufhäusern oder im Reformhaus erstehen können.

Zum Aufbewahren der verschiedenen Badeöle, Meersalzbäder, Splashs, Bodycremes und Duschgele brauchen Sie hübsche Gefäße, Karaffen und Flakons. Es gibt sie in gutsortierten Haushaltsgeschäften oder in Glasmanufakturen, die sich in fast jeder größeren Stadt befinden (Branchenbuch befragen!). Apotheken führen kleine Klarsichtdosen, in denen Salmiakpastillen verpackt sind. Diese Dosen eignen sich gut zum Aufbewahren von Badesalz. Achten Sie außerdem bei Ihren Einkäufen auf Flaschen und Gefäße, die so hübsch geformt sind, daß Sie sie im Bad wiederverwenden können.

Damit Sie bei Bedarf rasch eines der gleich folgenden Rezepte zusammenmixen können, sollten Sie sich einen Vorrat an Badezutaten anlegen oder einige Ihrer Küchenvorräte «zweckentfremden».

Für ein pflegendes Ölbad brauchen Sie zum Beispiel eines oder mehrere der folgenden Pflanzenöle:

süßes Mandelöl, Sojaöl, Sonnenblumen- oder Jojobaöl.

Diese Öle finden Sie in Reformhäusern und Apotheken, (sonst im Feinkostgeschäft oder in Läden, die Naturkosmetik führen). Sie sollten kaltgepreßt und von feinster Qualität sein. Das Beste ist gerade gut genug.

Neben den Pflanzenölen, die die pflegende Basis bilden, brauchen Sie ätherische Öle, die duften und je nachdem beleben oder entspannen. Hier kommt es ganz auf Ihre Wünsche an!

Die ersten ätherischen Öle, die Sie auf jeden Fall besitzen sollten, wenn Sie experimentieren oder einige Baderezepte ausprobieren wollen, sind:

Sandelholz, Ylang-Ylang, Jasmin oder Rose, Bergamotte, Muskatellersalbei, Melisse und Rosmarin.

Die Preise der ätherischen Öle sind sehr unterschiedlich. Das hat seinen Grund in Qualitätsschwankungen und wird auch von den Ernten beeinflußt, die jedes Jahr anders ausfallen. Erkundigen Sie sich bei einem Händler Ihres Vertrauens nach der Qualität und Reinheit der Öle. Und erschrecken Sie nicht über die Preise. Die Düfte sind sehr intensiv und deshalb sparsam im Verbrauch. Besonders teuer sind Jasmin und Rose, bei denen jeweils ein Milliliter etwa 20 Mark kostet. Von einem dieser beiden ätherischen Öle sollten Sie sich auch als Anfänger einen solchen kostbaren Tausendstelliter gönnen.

Achten Sie immer darauf, daß Sie natürliche Essenzen auswählen, nicht die «naturidentischen». Die duften sicher auch sehr schön, aber ihnen fehlt die «bildende Kraft», wie es die Anthroposophen nennen – der Impuls, der nur im Lebendigen vorhanden ist. Diesen lebendigen Impuls wollen wir uns auf keinen Fall vorenthalten, und in der Kunst des Genießens schon gar nicht. Sehen Sie in Ihrem Branchenbuch nach oder wenden Sie sich an eine der Bezugsquellen, deren Adressen Sie am Ende des Buches auf Seite 140 finden.

Als Grundausstattung für liebliche Kräuterbäder sollten Sie sich auch einen Vorrat an getrockneten Kräutern (gelegentlich auch frischen Blättern oder Blüten) anlegen, die Sie vielleicht sogar selbst sammeln, auf jeden Fall aber in der Apotheke, in Reformhäusern oder Kräuterläden besorgen können. Für den Anfang sind wichtig:

Lavendel, Melisse, Rosenblüten, Geranie (nicht die Gartengeranie, sondern eine Duftgeranie), *Pfefferminze, Rosmarin.*

Milch, Sahne und Honig und ein bißchen Getreidemehl haben Sie vielleicht sowieso immer im Haus. Eine Flasche *Obstessig* sollten Sie anschaffen, weil er, innerlich und äußerlich angewandt, viele wohltuende Eigenschaften hat und dem Körper guttut. *Meersalz* oder – wenn Sie spendabel sind – das teure, aber besonders mineralstoffhaltige *Salz vom Toten Meer* bekommen Sie in Supermärkten, Reformhäusern oder Apotheken.

Das sind die Zutaten für die ersten aufregenden Badefeste. Einiges über Wirkung, Herkunft und Anwendungsmöglichkeiten der Kräuter, Blumen, ätherischen Öle und Essenzen finden Sie ab Seite 115.

KRÄUTER- UND BLÜTENBÄDER

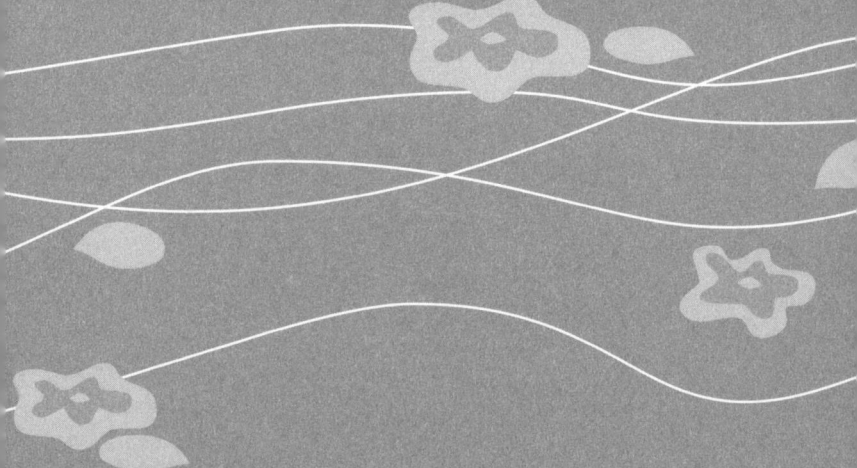

Für Kräuterbäder bereitet man zuerst einen kalten oder heißen Auszug von frischen oder getrockneten Pflanzenteilen wie Wurzeln, Blüten, Blättern, Samen und Stengeln. Diese Zutaten werden kalt aufgesetzt und dann eine Viertelstunde lang gekocht oder aus frischen Pflanzenteilen, die bei Zimmertemperatur stunden- oder gar tagelang in kaltem Wasser ziehen, langsam gelöst. Der kalte Auszug wird bei schleimigen Pflanzenteilen, Wurzeln und Rinden, bei Hagebuttenkernen und Schachtelhalmkraut angewandt.

Der fertige Auszug wird gefiltert und ins Badewasser gekippt. Die herausgefilterten Pflanzenteile kann man in ein Badesäckchen oder in eine einsame dünne Sommersocke stopfen, deren Schwester die Waschmaschine gefressen hat. Socke oder Söckchen schwimmen mit und werden immer wieder mal ausgedrückt. Faule können die Socke nach dem Bad mitsamt Inhalt entsorgen.

Ein solches Bad bedarf einer gewissen Vorbereitung und Einstimmung, doch der kleine Aufwand macht das Baden zum Luxusgenuß. Lassen Sie ein paar Blütenblätter auf dem fertig vorbereiteten Wasser schwimmen, das erhöht die Wonne. Trotz des zeitlichen Aufwands sind Kräuterbäder eigentlich ganz einfach zu bereiten. Sie sind nicht teuer, aber sehr kostbar und duften zart. Die Kräuter regen an und auf, können beruhigen oder regelrecht abtörnen. Heilsam wirken sie bei schuppiger, entzündlicher Haut, lindernd bei Juckreiz. Für jede Gelegenheit und für jedes Bedürfnis – dermatologisch oder emotional – ist ein Kraut gewachsen.

Grundrezept für ein luxuriöses Kräuterbad

Kochen Sie mindestens 3 Tassen Kräuter in 1 l Wasser in einem Emailtopf auf, und lassen Sie diese Mischung 20 Minuten ziehen. Zwischendurch ist Zeit für eine Dusche, die Ihren Körper von Schmutz und Ihren Kopf von trüben Gedanken reinigt. Dann lassen Sie heißes Wasser in die Badewanne laufen, gießen den Kräuterauszug durch ein Stück Stoff hinein und knoten das Tuch mit den Kräuterrückständen zu. Oder Sie filtern alles durch Ihr Leinen- oder Mullsäckchen. Mit diesem Säckchen oder dem geknoteten Tuch können Sie sich während des Bades schrubben. Das macht die Haut schön, weil es sie gut durchblutet. Träumen Sie so ungefähr 20 Minuten lang.

Kräuterbad für Faulpelze

Sie hängen ein Badesäckchen mit den trockenen Kräutern in den heißen Wasserstrahl und drücken es ein paarmal aus, während die Wanne sich füllt.

Die schnelle Methode

Falls es ganz besonders schnell gehen muß, bereiten Sie den Aufguß vor und filtern ihn durch einen Handschuh-Waschlappen in einen Krug. Dann duschen Sie und rubbeln sich mit dem gefüllten Kräuterwaschlappen ab. Anschließend gießen Sie sich den Aufguß einfach über den ganzen Körper.

Ein Bad, das am Morgen die Augen öffnet

- *2 Handvoll Rosmarin*
- *1 Handvoll Pfefferminze*
- *1 Handvoll Geranie*

Diese Kräuter werden in einem Emailtopf mit kaltem Wasser gut bedeckt, einmal aufgekocht und 10 Minuten stehengelassen, bevor man sie durch ein Sieb ins heiße Wasser gibt.
Rosmarin hat einen besonders aromatischen Duft und stimuliert die Hautoberfläche, belebt den Körper und erhellt den Geist. Dieses Kraut hat einen bedeutenden Ruf. Nicht nur in der Küche als kräftiges Gewürz südländischer Speisen, sondern auch im Kopfkissen. Rosmarin soll Kopfschmerzen vertreiben und das Erinnerungsvermögen stärken.

Englisches Rezept für schöne Haut

- *2 Handvoll Rosmarin*
- *1 Handvoll Lavendelblüten*
- *1 Handvoll Rosenblätter*
- *1 Teelöffel Borax (siehe S. 133)*

Die Kräuter können frisch oder getrocknet sein. Sie werden aufgekocht und müssen dann 10 Minuten ziehen. Borax kommt direkt ins Badewasser.
Dieses Bad erfrischt die Haut. Das macht der Rosmarin, Lavendel beruhigt, und die Rosenblätter spendieren der Haut feuchten Tau. Borax macht das Wasser weich. Engländerinnen sind jedenfalls berühmt für ihre schöne Haut.

Bad für ein seidenweiches Mädchen

Für drei Bäder:
- *1 Eßlöffel Lavendelblüten*
- *1 Eßlöffel Rosenblätter*
- *3 Eßlöffel Kamillenblüten*
- *1 Eßlöffel Salbeiblüten*
- *3 Eßlöffel Hafermehl*

Der frischen, süßlich duftenden Kamille wird nicht nur heilende Kraft, sondern auch feurige Energie nachgesagt. Rosen sind wie Tau für die Haut, Salbei stärkt.
Die Mischung reicht für drei Bäder. Ein Drittel der Menge wird in ein Badesäckchen gefüllt und in den Strahl des einlaufenden Wassers gehängt. Beim Baden wird das Säckchen immer wieder ausgedrückt. Wenn Sie sich zusätzlich damit abrubbeln, wird Ihre Haut sanft und seidig. Den Rest in einem schönen Glas aufbewahren.

Südländische Hausmischung

Wenn Sie im Urlaub im Süden sind, wo die dicken Rosmarinbüsche am Wegesrand wachsen, gönnen Sie sich doch mal einen Armvoll. Den *Rosmarin* im großen Topf aufkochen, dann durch ein Sieb ins Badewasser gießen und mit Haut und Haaren eintauchen. Sie können noch ein bißchen Schaumbad dazugeben oder etwas *Olivenöl* oder *Meersalz*. Machen Sie sich Ihre Mischung della casa, vielleicht auch mit *Lavendel* oder *Salbei* oder *Thymian*.

◣ After-sun-Bad

Bei strahlendblauem südlichen Sommerhimmel sind Sie vermutlich ab und zu von der Sonne leicht getoastet. Träufeln Sie in Ihre Kräuterabkochung noch 2 Tropfen *Pfefferminze* oder *chinesisches Heilöl* und einen großen Schluck *Kaffeesahne*. Das ergibt ein kühlendes Bad. Nehmen Sie aber auf keinen Fall noch mehr Pfefferminze, sonst kann es sein, daß Sie sogar im warmen Bad anfangen zu frösteln.

◣ Kräuterbad nach einem Putztag

Das ist die Gelegenheit, das Gewürzbord und die Teeschachteln aufzuräumen. *Alle Tees und Gewürze* wie Rosmarin, Wacholder, Zimt, Kamille, einfach *alle Kräuterreste* nach und nach verbaden, indem Sie eine Tasse dieser Mischung aufkochen und die Flüssigkeit durch ein Tuch oder Sieb zum Badewasser geben. So manches Kraut, dessen Namen und Verwendung Sie vergessen hatten, wird in Ihrer Achtung steigen. Aber passen Sie auf bei Hot stuff wie Chili, Senf oder Pfeffer. Für Heizbäder sind sie gut zu gebrauchen, und Pfeffer wird gern für ein erotisch stimulierendes Bad verwendet. Doch seien Sie nicht zu kühn, sonst reagiert die Haut zu stark, und Ihnen vergeht der Appetit. Lieber weglassen!

Bain de Provence

- $\frac{1}{2}$ Tasse getrocknete Orangenschalen
- 1 Tasse Lavendelblüten
- $\frac{1}{4}$ Tasse Thymian
- $\frac{1}{4}$ Tasse Rosmarin
- $\frac{1}{4}$ Tasse Salbei
- $\frac{1}{4}$ Tasse getrocknete Rosenblätter
- $\frac{1}{4}$ Tasse Pfefferminzblätter
- ein paar zerstoßene Nelken

Vermischen Sie alles miteinander und bewahren Sie die Mischung in einem dunklen Behälter auf. Diese Menge reicht für vier Bäder. Für ein Kräuterbad kochen Sie die Kräuter portionsweise auf. Der Duft erinnert an Orangenhaine, flirrende Sonne, Meer und laue, würzig duftende Abende, und das so gestärkte Wasser ist eine Wohltat für jede Art von Haut und für sehnsuchtsvolle Menschen aus dem kühlen Norden.

Bad für Ronja Räubertochter

Die Zweige werden bei einem Herbstspaziergang im Wald gepflückt. Pinie, Fichte, Tanne: alles, was Nadeln hat und duftet, können wir gebrauchen. Die Nadeln werden in einem großen Glas verwahrt, und immer wenn die Sehnsucht nach dem Wald im Herzen zieht, kocht Ronja eine Infusion aus zwei Handvoll Nadeln und träufelt noch ein paar Tropfen Fichtennadel dazu. Zum Spielen schwimmt ein Zweiglein auf dem Wasser.

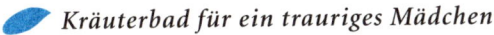

Kräuterbad für ein trauriges Mädchen

Das Kräuterbad für ein trauriges Mädchen wird aus frischen *Hopfenblüten* bereitet. Davon kann das Mädchen bei einem langen Spaziergang am Wegesrand einen großen Armvoll einsammeln, und schon das wird die Stimmung ein bißchen heben. Zu Hause werden die Blütenrispen in einen Topf mit 1 l Milch getaucht, die den feinen Duft der Blüten langsam aufnimmt. Die Prozedur dauert ein paar Stunden. Dann wird am Abend das Badewasser eingelassen, die Blüten aus der Milch genommen, leicht ausgedrückt und weggeworfen. Diese Hopfenmilch im Badewasser erweicht die Haut, tröstet das Gemüt und wiegt in einen erquickenden Schlaf.

Entspannungsbad für einen aufgeregten Bürohengst

Aus je einer Handvoll
- *Thymian*
- *Salbei*
- *Majoran*
- *Lavendelblüten*
- *Pfefferminze*
- *und ein paar Lorbeerblättern*

wird in 1 l Wasser ein starker Auszug gekocht. Um den herb und gut duftenden Tee noch wirkungsvoller zu machen, kann man eine Tasse voll Salz – am besten Meersalz – mit in die Wanne streuen. Das glättet und reinigt, beruhigt, stärkt und erfrischt den angespannten Mann.

Restaurierungsbad

Nach einer anstrengenden Woche wird Ihnen am Samstagabend ein Bad gut bekommen.

- 1 Tasse Pfefferminze
- $1/2$ Tasse Salbei
- $1/2$ Tasse Rosmarin
- 1 Tasse Lavendel
- 1 Tasse Beinwell

Übergießen Sie die Kräuter mit kochendem Wasser und lassen Sie sie ziehen, solange das Wasser in die Badewanne läuft. Der Aufguß kommt ins Badewasser, die Pflanzenreste ins Badesäckchen. Rubbeln Sie sich damit während des Bades die Haut vom Hals bis zu den Sohlen ab und drücken Sie das Säckchen immer wieder aus. Ruhen Sie noch 5 Minuten im warmen Wasser, dann ein kalter Guß. Nun wickeln Sie sich in ein großes Tuch und trinken eine Tasse Tee. Beine hochlegen!

Mutter-Vater-Luxusbad

Vielleicht haben Sie ja eine Badewanne, die groß genug ist für zwei. Dann gönnen Sie sich, wenn die Rabauken alle im Bett sind, ein Luxusbad mit *Rosenblättern* von dem Strauß, der sich gerade mit hängenden Köpfen verabschieden will. Lassen Sie die Wanne mit warmem Wasser vollaufen, zerpflücken Sie die Blüten und bedecken Sie damit das Badewasser. Ein feiner und intensiver Geruch erfüllt die Luft und versetzt Sie in eine romantische Stimmung.

Gute-Nacht-Bad für kleine Kinder

Ein Kräuterbad reizt die Haut nicht, riecht nicht stark, und das schwerelose Planschen gibt den Kleinen ein Gefühl von Geborgenheit und Ruhe. Kochen Sie einen Auszug aus *1 Handvoll Lavendelblüten* und filtern Sie ihn in die Kinderbadewanne. Die Pflanzenrückstände können Sie in eine alte Ringelsocke knoten. Mit der kann das Kind ein bißchen spielen oder sich abschrubben. Das Bad entspannt aufgeregte kleine Quälgeister, die «noch gar nicht müde» sind.

Heilbad für Kratzbürsten und Rothäute

Wenn die Haut am ganzen Körper juckt, geraten besonders Kinder in helle Aufregung und Streß. Es tut ihnen gut und beruhigt die Haut, wenn sie ein Weilchen bis zum Hals in einem milden, lindernden Kräuterauszug schweben dürfen. Kochen Sie einen starken Tee aus

je 1 Handvoll
- *getrocknete Kamillenblüten*
- *getrocknete Lindenblüten*

und gießen Sie diesen Auszug in das Badewasser. Schlingen Sie nach dem Bad ein Tuch um den geplagten Körper und lassen Sie ihn trocknen, ohne zu rubbeln. Das wird den Juckreiz stillen.

⬤ Relaxbad vor einem anstrengenden Schultag

Versteh einer die Kinder! Gehen einfach nicht ins Bett, obwohl es gut für sie wäre und sie es sich leisten könnten. Außer dem Schlummerlied und der Vorlesegeschichte gibt es nur noch ein Lockmittel, um wache Schüler vor einer Klassenarbeit rechtzeitig in die Federn zu zwingen: die Badewanne. Bereiten Sie ein warmes Bad am Abend mit einem kräftigen Aufguß aus drei gleichen Teilen:

• *Melisse*
• *Kamille*
• *Lindenblüten*
• *und ein bißchen Baldrianwurzel*

Dieses Bad wirkt auch auf die Mutter sehr beruhigend, denn sie weiß, daß die Kinder in der Schule wenigstens ausgeschlafen sind, wenn sie schon nicht die Hausaufgaben gemacht haben.

⬤ Japanisches Winterbad

• *1 Knoblauchknolle (nach Wunsch und Bedarf auch gern mehr), geschält und gehackt*

Wahrscheinlich wird es Ihnen ziemlich verwegen vorkommen, Ihren Körper in Knoblauch zu tauchen, aber in Japan erstreckt sich der magische Ruf der Knolle nicht nur auf die innerliche Anwendung. Ein Knoblauchbad ist ein traditionelles und weitverbreitetes Schönheitsmittel, das die Haut stärkt, entgiftet und Entzündungen und Irritationen lindert. Außerdem ist Knoblauch in dieser Form ein wirkungsvolles Schlaftonikum.

Hitzebad für kalte Körper

Dieses Bad ist sehr wirkungsvoll, wird aber nicht von jedem vertragen. Wer mit Hautirritationen reagiert, sollte beim nächsten Mal die Dosis verringern oder sich lieber ein anderes Bad ohne Ingwer aussuchen. Für dieses wärmende und schweißtreibende Bad benötigen Sie

• *2 – 3 große Ingwerstücke*

Raspeln Sie den Ingwer mit einem Gurkenhobel oder einer Reibe kurz und klein. Dann pressen Sie, so gut es geht, den Saft mit einem Tuch aus dem Brei heraus und lassen ihn direkt in das heiße Badewasser laufen. Das verknotete Tuch können Sie noch hinterherwerfen. Nun legen Sie sich ins heiße Wasser und bleiben so lange darin, bis Ihnen die Schweißperlen auf der Stirn stehen. Dieses Bad belebt, hilft bei Muskelschmerzen und verscheucht eine beginnende Erkältung, wenn Sie sich danach gleich ins Bett begeben.

PFLEGENDE BÄDER FÜR ZARTE HAUT: SEIDENWEICH MIT MILCH, SAHNE, GETREIDE UND HONIG

Während Männer eher die psychisch entspannende oder belebende Wirkung eines Bades schätzen, legen Frauen in erster Linie Wert auf die hautpflegende und glättende Kraft eines Schönheitsbades.

Milch-, Honig-, Getreide- und Sahnebäder sind besonders gut für trockene und normale Haut. Sie fetten nur wenig, machen samtig und lassen die Schultern schimmern. Das haben schon die Luxusdamen in der Antike gewußt. Sie nahmen sogar die Milch von Eseln oder Ziegen dafür, was auch damals als unerhört verschwenderisch galt. Für das tägliche Schönheitsbad der Poppaea stellte ihr geiler Gatte Nero eine Herde von 500 Eselsstuten zur Verfügung. Arme Frauen nahmen Molke, und das machte ihre Haut keineswegs weniger schön.

Sie können Stutenmilch heute im Reformhaus kaufen, aber das ist ein sehr teures Vergnügen und auch nicht wirksamer. Ein Liter Milch oder ein Topf Sahne oder jeweils das Doppelte und ein halbes Glas Honig dazu im Wasser sind immer noch ein recht luxuriöser Spaß für eine Schönheit von heute. Honig löst sich im warmen Wasser ganz auf und hinterläßt überhaupt kein klebriges Gefühl auf der Haut. Mehl- und Kleiebäder dagegen sind besonders pflegend bei trockener, schuppiger und irritierter Haut. Für Säuglinge ist ein Täßchen Muttermilch im Badewasser, falls etwas abgepumpt werden kann, immer noch das Feinste. Besonders wenn die Säuglingshaut kleine entzündete Stellen hat, wirkt ein bißchen aufgetupfte Muttermilch oft Wunder.

Bad für die First Lady

Ein Luxusweib mit zarter, empfindlicher Haut kann viel feines Fett vertragen und wird sich ein Bad gönnen mit

- *200 g Sahne*
- *3 Tropfen Kamille*
- *5 Tropfen Sandelholz*
- *3 Tropfen Melisse*

Die Haut wird samtig und klar, die Lady verliert ihre Nervosität und ist milde und ein wenig liebeslustig gestimmt.

Heilbad für strubbelige Haut

- *1 Tasse Honig*
- *1 Pfund Weizenmehl oder Hafermehl*

Das Mehl, natürlich Vollkorn, kommt in ein Leinensäckchen, das unter dem heißen Wasserstrahl und auch beim Baden immer wieder ausgedrückt wird. Der Honig kommt direkt ins Badewasser. Während des Bades den Körper immer wieder mit dem Mehlsäckchen abreiben. Man kann sich auch in der Badewanne kurz am ganzen Körper befeuchten, sich dann, im heißen Wasser stehend, mit dem Mehl einreiben, sorgfältig panieren und erst zum Schluß ins Wasser gleiten lassen. Der Honig im Wasser wird den glättenden Effekt noch steigern.

✍ *Milchbad für eine seidenweiche Schönheit*

$1/2$ *Tasse Gerstenschrot oder Graupen* wird für dieses luxuriöse Schmeichelbad 2–3 Stunden in 1 l Wasser bei kleiner Flamme geköchelt. Dann werden

- $1/4$ *Tasse Hafermehl*
- $1/4$ *Tasse Mandelmehl*

vermischt und in einem Mulltuch verschnürt oder ins Badesäckchen gefüllt und in die Wanne gelegt. In das heiße Badewasser kippen Sie nun noch *4 Tassen Milch* und das *Kochwasser von den Graupen*. Dieses Bad erweicht trockene, müde Haut und pflegt den ganzen Körper.

✍ *Milchbad für den Mann mit zarter Haut*

- *1 Tasse Milch*
- *1 Tasse Weizenkleie*
- *1 Tasse Honig*

Alle Zutaten werden zu einem weichen, klebrigen Brei vermischt. Der Mann wird in die Wanne ins heiße Badewasser gestellt und von oben bis unten eingekleistert, falls er sich das gefallen läßt. Das dauert ein Weilchen, und die feinen Zutaten können die Haut erfreuen. Dann gleitet der Mann ins Wasser und aalt sich in der Wärme.

✍ Beruhigendes Babybad

Weichen Sie eine Handvoll Kamillenblüten (oder Rosenblätter oder andere Kräuter) in 2 Eßlöffel warmer Sahne ein. Sahne ist wunderbar für Babyhaut. Babys brauchen keinen Duft. Rückfetter sind nur für den Popo, weil ihre Haut perfekt ist und wunderbar duftet. Außer Tangerine kommen für Babybäder keine ätherischen Öle in Frage, weil sie einfach zu stark sind. Tangerine jedoch hat keine therapeutische Wirkung, deswegen kann ein Tröpfchen nicht schaden. Nehmen Sie Ihr Baby aber auf keinen Fall einfach mit in Ihr gut parfümiertes Badewasser. Bei parfümierten Industrieprodukten für Babys sowie bei Ihren eigenen Bemühungen um einen schönen Duft wird es wohl eher das zarte Näschen rümpfen. Richtig gut riecht in der Babynase sowieso nur Milch.

✍ Mild-fettiges Pflegebad für Babys und kleine Kids

Ein paar Tassen *Milchpulver* in das warme Badewasser Ihres Babys zu streuen ist keine große Aktion, aber viel schöner ist es, wenn Sie die pflegende Power der Milch noch erhöhen, indem Sie vor dem Bad *Kamillenblüten* in der warmen Milch ziehen lassen. Sie können auch ganz andere Kräuter oder Blüten nehmen wie zum Beispiel *Rosmarin* oder *Fichtennadeln, Rose* oder *Zitrusschalen.* Die Pflanzenreste kommen wie üblich zum Abschrubben ins Badesäckchen.

Molkebad als Einstimmung für eine lange Nacht

Molke hat alle guten Eigenschaften der Milch. Das Fett wurde ihr zwar entzogen, aber dafür ist sie erfrischend. Nehmen Sie

- *3 l Molke*
- *1 Eßlöffel Mandelöl (bei Bedarf)*
- *ein paar Tropfen Parfum (nach Wunsch)*

Das Parfum verteilt sich auf dem ganzen Körper, die Haut schimmert sanft und fühlt sich die ganze Nacht lang zart und erfrischt an.

Sonnenbad

In das Badewasser kommt

- *der Saft von 1 Zitrone und 1 Orange*
- *1 Täßchen Honig*
- *1 Eßlöffel Mandelöl*
- *Aufguß der Zitrusschalen*
- *1 Tasse Beinwell*
- *1 Tasse Kamille*

Die Kräuter und Schalen werden wieder zum Hautschrubben in ein Säckchen gesteckt. Let the sunshine in!

DUFTENDE ÖLBÄDER FÜR KÖRPER UND SEELE

Ölbäder sind sehr angenehm, reinigen gut, ohne zu entfetten, bewahren die Feuchtigkeit der Haut und verhindern, daß diese spröde wird und sich schuppt.

Sie pflegen die Haut ganz von selber, während der Körper wohlig in der Wärme dümpelt. Dieser pflegende Fettfilm ist sehr viel angenehmer als eine nachträgliche Einbalsamierung des Bodys, weil er nur ganz zart ist und sich schon in der Wärme des Wassers in die Haut eingearbeitet hat.

So ein Bad ist herrlich für Ihre Haut, die sich danach wie Samt und Seide anfühlt, besonders, wenn Sie sich während des Bades mit einer Luffahbürste die ganze müde und faule Schuppenschicht abgerubbelt haben. Das ergibt zwar einen Fettrand in der Badewanne, aber die Wohltat ist den Putzaufwand wert. Leider hinterlassen Ölbäder immer diesen Fettrand, weil sich das Öl nicht gleichmäßig im Wasser verteilt, sondern auf der Oberfläche schwimmt. Wer das absolut nicht ausstehen kann, der verteilt auf 100 ml fertiges Badeöl 1 Eßlöffel Mulsifan – das ist ein milder Emulgator, der auch für Lebensmittel zugelassen ist und den Sie in der Apotheke kaufen können.

Als Basis für ein schönes Badeöl können Sie entweder ein einziges Pflanzenöl nehmen oder verschiedene Öle kombinieren. Grundsätzlich eignen sich *Sonnenblumenöl, Distelöl, Sojaöl,* aber auch *Olivenöl.* Das sind alles Öle, die Sie vielleicht ohnehin in der Küche haben.

Diese Pflegebasis können Sie ganz nach Wahl mit duftenden Zusätzen – also mit ätherischen Ölen, frischen oder getrockneten Kräutern – ergänzen. Denn ein Bad soll immer mindestens zwei Aufgaben erfüllen: säubern und die Stimmung heben. Also können Sie Ihren Absichten entsprechend Ihre spezielle «Nachhilfemischung» hinzufügen.

Wenn Ihnen das Sammeln und Aufbewahren von Kräutern zu aufwendig ist, können Sie statt dessen auch die ätherischen Öle, die Essenzen der Pflanzen, verwenden, um Ihr Bad zu beduften, eine bestimmte pflegende Wirkung zu erzielen oder eine besondere Stimmung herbeizuzaubern. Die ätherischen Öle werden aus Blättern, Stengeln, Wurzeln, Knollen oder der Rinde der Pflanze auf verschiedene und komplizierte Weisen gewonnen. Sie enthalten das Wesen der Pflanze – kostbar, empfindlich und sehr wirksam. Damit lassen sich besonders schöne Bade- und auch Körperöle herstellen.

Grundrezept
für ein cremendes Ölbad

Sie brauchen eines oder mehrere der folgenden Pflanzenöle:
süßes Mandelöl, Sojaöl, Erdnußöl, Sonnenblumenöl, Avocado-öl, Pfirsichkernöl, Aprikosenkernöl, Olivenöl, Weizenkeimöl, Jojobaöl (ein flüssiges Wachs mit besonders feiner Konsistenz).
Alle Öle sollten kaltgepreßt und von guter Qualität sein. Für ein Bad brauchen Sie 1–2 Eßlöffel von einem sehr guten *Pflanzenöl* und 10–12 Tropfen *ätherisches Öl* – entweder ein einziges oder eine Duftmischung. Diese Ölmischung wird ins Badewasser gegossen. Sie schwimmt auf der Wasseroberfläche und muß mit den Händen oder mit dem Schneebesen gut verteilt werden.

Grundrezept für ein Kräuterölbad
oder ein -körperöl

Zunächst legt man Kräuter, Blüten und Gewürze nach Wahl, zum Beispiel *Rosmarin* und *Melisse*, *Salbei*, getrocknete *Rosen* oder *Zimtstangen*, *Vanille* oder getrocknete *Zitronenschalen*, in *Olivenöl* oder *Distelöl* ein und läßt das so gefüllte Glas ein paar Tage in der prallen Sonne stehen. Man kann das Ganze auch auf dem Herd handwarm werden und ziehen lassen, bis es gut duftet. Die Pflanzenteile müssen ganz vom Öl bedeckt sein. Diesen Kräuter-Ölauszug kann man so weiterverwenden, wie er ist: als Körperöl oder als duftendes Badeöl für empfindliche und trockene Haut.

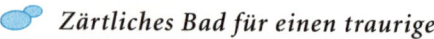 Sisis Schönheitsbad

Kaiserin Sisi hat sehr viel Aufwand mit ihrem Aussehen getrieben. Sie hatte Haare, die bis zum Fußboden reichten, und allein die tägliche Frisur beanspruchte drei Stunden. Ihren Körper badete die Schöne täglich in warmem Olivenöl. Ob das ein Vollbad war? Vielleicht probieren Sie lieber diese umweltschonendere und einfachere Methode: Mischen Sie den

* *Saft von 2 Zitronen*
* *1 Tasse warmes Olivenöl*

Stellen Sie sich in die Badewanne, und während das Wasser noch einläuft, reiben Sie Ihren Körper mit der warmen Mischung sorgfältig ein. Dann tauchen Sie ab und lassen alles schön einwirken.

Zärtliches Bad für einen traurigen Jungen

* *1 Eßlöffel Pflanzenöl*
* *4 Tropfen Sandelholz*
* *3 Tropfen Hyazinthe*

Mischen Sie ihm sanftes Badeöl. Das vertreibt die Melancholie. Und um seinen Sportsgeist zu wecken, tröpfeln Sie vorsichtshalber noch *4 Tropfen Bergamotte* hinterher.

 *Weihnachtsvorfreudebad*

Bevor die Bescherung losgeht und das große Fressen und der ganze Trubel, sollte der Weihnachtsmann mit seiner Weihnachtsfrau ein bißchen feiern.

- *2 Eßlöffel Sonnenblumenöl*
- *8 Tropfen Fichtennadel oder Pinie*
- *1 Tropfen Zimtrinde*
- *2 Tropfen Kardamom*
- *1 Tropfen Orange*
- *1 Teelöffel Mulsifan*

Alles zusammenmischen, ins Wasser gießen und eintauchen. Wer ein bißchen Verzauberung möchte, kann 2 oder 3 Tropfen grüne Lebensmittelfarbe in die Wanne tröpfeln.

 Bad für männliche und weibliche Frostbeutel

- *2 Eßlöffel Mandelöl*
- *3 Tropfen Thymian*
- *2 Tropfen Cajeput*
- *3 Tropfen Ingwer*
- *5 Tropfen Eukalyptus*

Vermischen Sie alles gut miteinander und schütten Sie es dann ins heiße Badewasser. Reiben Sie sich in der Wanne das aromatisierte Fett in die Haut. Das heizt.

Badeöl Bikini

- 100 ml Sonnenblumenöl
- 10 ml Mulsifan
- 8 Tropfen Ylang-Ylang
- 8 Tropfen Rosenholzöl
- 4 Tropfen Vanille
- 8 Tropfen Mandarine
- 4 Tropfen Kokos

2 Eßlöffel dieser Mischung reichen für ein Vollbad, und schon fließen die Tränen beim Gedanken an weiße Sandstrände und blaue Lagunen, an Korallenriffe und in der Sonne funkelnde Atolle. 2–3 Tropfen blaue Lebensmittelfarbe können die Sehnsucht noch vergrößern.

Pflegendes Ölbad für Mutter und Tochter

- 2 Eßlöffel Jojobaöl
- 2 Eßlöffel Sahne
- 5 Tropfen Geranie
- 1 Tropfen Rose
- 2 Tropfen Bergamotte

Schütteln Sie alle Zutaten gut durch und lassen sich dann ins warme Wasser gleiten. Diese Mischung pflegt die weibliche Haut phantastisch, spendet Feuchtigkeit und Fett, und außerdem wirkt sie aufhellend und sonnig auf das Gemüt.

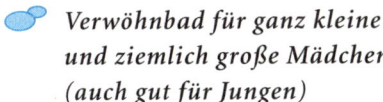 *Verwöhnbad für ganz kleine
und ziemlich große Mädchen
(auch gut für Jungen)*

- *1 Eßlöffel Sonnenblumenöl*
- *10 Tropfen Geranie oder Melisse*
- *1 Handvoll frische Rosenblätter
  oder Gartennelken*

Die Ölmischung wird einfach ins eingelaufene Wasser getropft und verteilt. Die Blütenblätter streuen Sie auf die Wasseroberfläche. Das sieht sehr verlockend aus, duftet und stimmt fröhlich. Und ist für kleine und größere Jungen genauso geeignet.

 *Ölbad, das Ordnung im Kopf schafft*

- *6 Tropfen Melisse*
- *2 Tropfen Pfefferminze*
- *1 Tropfen Zitrone*

Alles wird ins Badewasser geträufelt und gleichmäßig verteilt. Während der Körper in der Wärme dümpelt, klärt sich der Geist, und man steigt nach 20 Minuten entspannt, entkrampft, beruhigt und belebt aus der Wanne – vorausgesetzt, das Wasser war nicht zu heiß! Sonst ist man eventuell entspannt, entkrampft, fix und fertig und bettreif.

SCHLANKHEITS- UND SCHÖNHEITSBÄDER MIT SALZ

Salzbäder werden manchmal auch Schlankheitsbäder genannt. Je nach Menge des Salzes können sie aber auch Stärkungs- und Erfrischungsbäder sein. Am besten eignet sich Meersalz, weil es sehr mineralstoffhaltig ist. Ein Meersalzbad regt den Stoffwechsel der Haut an und entschlackt. Da Salz die Haut stark entfettet, ist ein Meersalzbad das Richtige für unreine Haut, die zu Pickeln und Verstopfungen neigt, weil sie zu fettig ist. Wer dagegen empfindliche Haut hat, muß sich nach einem solchen Bad unbedingt eincremen, weil die Haut sonst zu stark spannt.

Wenn Sie nur ein Pfund Salz nehmen und dazu einen Rosmarin-Kräuterauszug herstellen oder ein bißchen ätherisches Rosmarinöl ins Wasser träufeln, wirkt ein Meersalzbad stärkend. Aber auch nach diesem Bad legen Sie sich besser für ein paar Minuten hin und schließen die Augen. Meersalz bekommen Sie in allen Reformhäusern und in guten Lebensmittelgeschaften. Für ein normales Wannenbad reicht eine Tasse Salz zum sanften Abschuppen und Reinigen. Eine größere Menge Salz entfettet die Haut sehr stark und hat auch eine therapeutische Wirkung.

Wenn Sie eine größere Portion Meersalzbäder für sich selbst zubereiten oder verschenken wollen, färben Sie das Meersalz ein und füllen es in weithalsige Glasgefäße, nachdem Sie es in einer Schüssel parfümiert haben.

Nehmen Sie pro Tasse Salz etwa 6–8 Tropfen eines Duftes oder einer Duftmischung. Die eine Hälfte des Salzes lassen

Sie weiß, die andere Hälfte wird gefärbt, entweder mit einer oder auch mit mehreren Farben. Das Salz nimmt die Farbe leicht an. Lebensmittelfarbe gibt es im Supermarkt in kleinen spitzen Fläschchen. Ein paar Tropfen genügen für 1 Kilo Salz. Rühren Sie das Salz mit einem Plastiklöffel um, bis es die Farbe angenommen hat. Sie verteilt sich nach und nach ganz gleichmäßig in den Salzkörnern.

Für ein Lavendelbad paßt Blau, bei Pinie und Fichtennadel, Minze und Melisse sieht zum Beispiel Gelb schön aus, und bei sinnlichen Bädern wählen Sie vielleicht Rot. Wenn Sie das Salz in mehreren Farben bunt einfärben, streuen Sie es in unregelmäßigen Schichten abwechselnd mit dem weißen Salz in das Gefäß. Verzieren Sie das geschichtete Salz zum Abschluß farblich passend zum Beispiel mit einer getrockneten geringelten Zitronenschale, mit einer getrockneten Rose oder einem Tannenzweig. Bei buntem, gefärbtem Salz, das Sie in schönen Gefäßen aufheben, finden Sie leichter die Mischung, die gerade heute zu Ihren Gefühlen paßt.

Einfaches Schlankheitsbad

Wenn Sie mal den Gürtel etwas enger schnallen wollen, streuen Sie

• *3 Pfund Kochsalz*

in die Wanne. Das Bad kann 15–20 Minuten dauern. Während dieser Zeit öffnen sich die Poren der Haut, das Salz reinigt, zieht Feuchtigkeit, Gift und Fett heraus und strengt den Kreislauf an. Nach dem Bade gehen Sie, feucht in Ihren Bademantel gemummelt, ins Bett, wo Sie noch mehr Schlacken ausschwitzen und sich von der Anstrengung erholen können. Fette und unreine Haut kann ein solches Salzbad öfter vertragen, bei trockener Haut sollte man nicht zu häufig im Salzwasser baden. Aber pflegend ist es in jedem Fall, denn das Salz löst die oberen alten Hornschüppchen ab und macht die Haut aalglatt und frisch.

Weckbad für alle Lebensgeister

Geben Sie *3 Eßlöffel Kaiser's Natron* ins Badewasser. Das wärmt, entspannt die Muskeln, belebt, entgiftet und glättet die Haut.

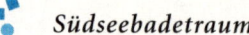 *Südseebadetraum*

- *250 g Meersalz*
- *5 Tropfen Kokos*
- *5 Tropfen Geranie*
- *2 Tropfen Ylang-Ylang*
- *3 Tropfen blaue Lebensmittelfarbe*
  für die Phantasie

Stellen Sie sich vor, Sie schaukeln sanft in einem kleinen Boot in der Blauen Grotte, und nur der Fischer singt sein Lied, während die Sonne im Meer versinkt.

 Heilbad für Pickelkids

- *250 g Meersalz*
- *5 Tropfen Lavendel*
- *3 Tropfen Zitrone*
- *3 Tropfen Zypresse*
- *3 Tropfen Wacholder*

Alle Zutaten werden miteinander vermischt und ins heiße Bad gegeben. Das hilft bei unreiner Haut und beglückt so pickelige Kids.

Bad für alle Mollis in der Familie

- *1 Kilo Meersalz*
- *Lavendelblüten, soviel Sie mögen*
- *10 Tropfen Lavendel*
- *2 Tropfen blaue Lebensmittelfarbe*

Füllen Sie das Meersalz zusammen mit den Lavendelblüten und einigen Kornblumenblüten in eine große Schüssel. Tröpfeln Sie noch 10 Tropfen Lavendel dazu und – wenn Sie wollen – 2 Tropfen blaue Lebensmittelfarbe. Mischen Sie alles gut durcheinander und füllen Sie die Mischung in ein großes gläsernes Gefäß, das nun ins Bad kommt. Jeder, der meint, ein kleines Entschlackungsbad nötig zu haben, kann sich von Zeit zu Zeit bedienen.

 Bad für eine aalglatte Lady

Gönnen Sie sich das *Meersalz vom Toten Meer*. Das gibt es in Reformhäusern. Es ist zwar sehr teuer, aber auch sehr mineralstoffhaltig und in der Badewanne ganz besonders effektiv. Es schuppt und schelbert und schmirgelt und glättet sogar Rauhbeine ganz wunderfein und zart. Gerade nicht mehr ganz taufrische Frauen, die fürchten, daß ihre Haut schon ein bißchen schlapper wird, werden entzückt darüber sein, wie sich ihr Body hinterher anfühlt. Das Salz wirkt deutlich kräftigend und straffend. Allerdings braucht zarte Haut hinterher unbedingt eine leichte Ölung.

BUBBLES,
SEIFENBÄDER
UND
WAS SONST NOCH
SPASS MACHT

Beim Thema Seife scheiden sich die Geister. Heute werden im allgemeinen lieber flüssige Waschlotions benutzt, und Seifen kommen aus der Mode. Dabei lohnt es sich immer noch, die Köstlichkeiten und den Luxus schöner Seifen zu entdecken.

Seife ist zunächst einmal ein Emulgator, der Rückstände wie Schmutz und fette Schminke löslich macht. Sie ist alkalisch, das heißt, ihr pH-Wert liegt bei 7–8. Damit greift sie leicht die Haut an, besonders wenn sie nicht gut abgespült wird. Im Gesicht ist Seife tatsächlich meist zu grob, weil die feine Haut ohnehin schon genug damit zu schaffen hat, ihren Säureschutzfilm zu erhalten. Sie muß sich schließlich von morgens bis abends in Licht und Luft zeigen. Für den Körper dagegen ist Seife gut geeignet und für die Haare auch. Der Körper bildet seinen Säureschutz in zwei Stunden neu, und die Haare bekommen zum Abschluß eine bekömmliche, saure Spülung.

Es gibt feine, fette, nach Honig und Spezereien duftende Seifen (im Drogeriemarkt); farbige Glycerinseifen, die durchsichtig sind und bunte Einsprengsel von duftenden Blumen haben, etwa im Kaufhaus in Spanien; dicke grüne und weiße Blöcke aus Olivenölseifen; Buttermilchseifen, fette Ärzteseife und tausend andere Spezialitäten.

Schöne Seifen gehören auch in die Schränke. Besonders Nelkenseifen erfüllen den Wäscheschrank mit lieblichen Düften, und die wohlige Freude weht Sie schon beim Öffnen der Türen und Schubladen an.

Außerdem kann man mit Seifen wunderbar baden. Denn wer braucht schon immer einen riesigen Schaumbadberg in der Wanne? Unsere Haut sicher nicht. Legen Sie zur Abwechslung mal ein Stück Seife in die leere Wanne und lassen Sie das heiße Wasser darüberlaufen. Wenn die Wanne voll ist, ist das duftende Seifenbad bereit.

Schwarzer Teerseifenball

Diese Seife gab es bis vor kurzem noch in England zu kaufen, jetzt müssen wir sie selber machen.

Ausgangsstoff sind *100 g Olivenölseife*, die in dicken, hellen bis bräunlich-grünen Blöcken unter dem Namen *Savon de Marseille* angeboten wird. Man bekommt sie in Drogerien, im Naturwarengeschäft und auf Märkten. Die Seife wird mit der Küchenreibe oder mit dem Messer geraspelt und mit wenig Wasser im Topf erhitzt. Sie muß sich auflösen, aber noch dick sein. Immer gut rühren, damit sie nicht anbrennt.

Wenn sie weich ist, $^{1}/_{2}$ *Teelöffel Birkenteer* aus der Apotheke untermischen. Die Masse abkühlen lassen. Dann mit den Händen 1–2 Kugeln formen, die in nicht zu dicken Stoffetzen zum Trocknen aufgehängt werden. Immer wieder mal nachformen. Nach einer Woche oder 10 Tagen sind die Kugeln hart und leicht und können ein bißchen mit dem Messer bearbeitet werden, damit sie eine unregelmäßige, aber runde Form bekommen. Diese Seife ist gut bei Akne und fetter Haut, hilft aber auch bei Psoriasis und anderen Hautproblemen. Auch normale Haut kann damit bedenkenlos gepflegt werden.

Kaffeepeeling

Anstatt nur aus dem Kaffeesatz zu lesen, können Sie den *Kaffeesatz* auch als Körperpeeling nehmen. Mit einem *Öl- oder Cremerest* vermischen – Milch, Sonnenöl und Öl aus der Küche gehen auch –, im Stehen abrubbeln und dann den Körper in die heiße Badewanne gleiten lassen.

Bunte Seifenvariationen

Nach dem gleichen Rezept wie beim schwarzen Teerseifen-
ball auf S. 63 kann man auch duftende Olivenseifen herstellen, indem man der gelösten Seife blumige oder würzige
Essenzen beimengt. So lassen sich beispielsweise ein grünes
Minzseifenherz oder ein blauer Lavendelball formen. Wenn
Sie zusätzlich noch Hafermehl oder Mandelkleie hinein-
kneten, haben Sie eine gute Reinigungsseife; nehmen Sie dagegen in einem anderen Topf gelöstes Lanolin dazu, dann ist
es Seife für sehr trockene Haut. Statt Wasser zum Lösen der
Seife kann man auch eine Abkochung von Kamillenblüten
oder von einem anderen Kraut verwenden. Die Kräuter-
stückchen können gern in der Seife bleiben. Sobald sie dann
fest wird, kann man sie in Stücke schneiden oder mit Förm-
chen ausstechen, man kann sie kugeln oder mit noch mehr
Wasser wieder dickflüssiger machen und in einen Seifen-
spender füllen. Sie können auch das dicke Gelee in ein
durchsichtiges Gefäß füllen und mit Lebensmittelfarbe einfärben. Ohne diese Extrabehandlung wird die Seife beim
Trocknen graubraun wie eine Feldmaus.

 Schaumbad mit Variationen

Gelegentlich sind auch ganz normale Schaumbäder angenehm. Sie säubern gut und können mit ein wenig Lust und
Phantasie ordentlich aufgepeppt werden. Schon eine Duftmischung nach Ihrem Geschmack oder ein zusätzlicher
Schluck Öl und ein Spritzer Zitrone machen das Bad luxuriöser und hautfreundlicher. Ein Genuß für Faule und Eilige.

Seifiger Bodyscrub

- *2 Eßlöffel geschmolzene Seife*
- *50 ml Gel oder Gelin (Dr. Oetker)*
  oder Agar-Agar oder Gelatine
- *1 Eßlöffel Pflanzenöl*
- *1 Eßlöffel Olivensteingranulat*

Sie können auch einen getrockneten Avocadokern nehmen, ihn in ein Tuch wickeln, so gut es geht mit einem Hammer zerschlagen und dann in der Kaffeemühle mahlen. Nun wird alles zusammengerührt und mit ein bißchen gelber Lebensmittelfarbe eingefärbt. Die Rubbelseife können Sie auch noch mit ätherischen Ölen beduften. Gut passen zum Beispiel Orange und Zitrone. Und so haben Sie ein duftendes Minipeeling im Wannenbad.

Winterbad zum Säubern von Automechanikern und anderen Schmutzfinken

- *20 g Seifenflocken*
- *6 Tropfen Eukalyptus*
- *4 Tropfen Lavendel*
- *4 Tropfen Rosmarin*

Erst kommen die Flocken in die Wanne, dann das Wasser, dann die ätherischen Öle und dann der Schmutzfink. Ein gutes Bad und ein Drink auf der aufblasbaren schwimmenden Palmeninsel ist für viele die Krönung des Feierabends.

Sprudelbad
für eine ganz besondere Gelegenheit

Im Drogeriemarkt findet man noch die altmodischen, brausenden *Kneipp-Badetabletten*. Sie kosten nicht mal eine Mark und sind die reine Wonne. Wenn Sie sich eine Tablette unter den Körper legen, am besten direkt über dem Po, sprudeln die Bläschen 10 Minuten lang in einem entzückenden Schauer Ihren Rücken hoch. Probieren Sie alle vier angebotenen Sorten. Für dieses spezielle Pep-up-Bad tränken Sie die Rosmarintablette noch extra mit

- *3 Tropfen Rosmarin*
- *1 Tropfen Pfefferminze*
- *3 Tropfen Zitrone*

Das kribbelt wunderbar und steigert die Vorfreude auf die Party am Abend.

Cellulitebad

Dieses Bad kann mit den leicht entfettenden Seifenflocken zubereitet werden oder auch mit Salz, je nachdem, wie empfindlich Ihre Haut ist. Entwässernd auf das Gewebe wirken allein die ätherischen Öle.

- *3 Tropfen Orange*
- *5 Tropfen Wacholder*
- *5 Tropfen Zypresse*
- *2 Tropfen Zitrone*

Wenn Sie regelmäßig in dieser Mischung baden, dabei Ihre Haut massieren und etwas abspecken, werden Sie merken, daß mit Hilfe dieser flankierenden Bademaßnahmen die Haut mit der Zeit elastischer und straffer wird.

Seifenbad gegen Schwitz und Kleb

Nach einem Tag in der schwülen, heißen Großstadt, wenn man ganz erloschen ist von nicht geglückten Einkäufen, ist ein Erneuerungsbad wie geschaffen für einen zweiten Anfang am Abend. Baden Sie nicht zu heiß in

- *1 Handvoll Seifenflocken*
- *3 Tropfen Salbei*
- *3 Tropfen Zypresse*
- *5 Tropfen Zitrone*
- *2 Tropfen Pfefferminze*

Der Streß fällt ab, die Kräfte kehren zurück, Sie fühlen sich nicht nur wie frisch gebadet, sondern wie neu geboren.

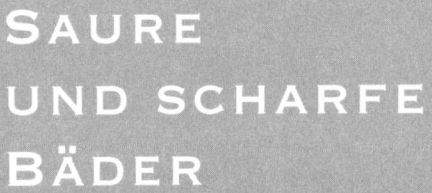

SAURE
UND SCHARFE
BÄDER

Saure Bäder mit Essig oder Zitrone eignen sich besonders für die fettige, meist auch unreine Haut. Sie wirken zusammenziehend, entfettend und desinfizierend. Obstessig, auch Apfelessig genannt, gibt es in Reformhäusern und in der Diätecke im Supermarkt. Ein Viertelliter davon ins Badewasser gekippt, und Sie haben schon ein herrlich erfrischendes Bad. Allerdings riecht es nicht so gemütlich. Deshalb sollte man sich unbedingt eine größere Menge Kräuteressig herstellen oder je nach Laune ätherische Öle hinzufügen.

Für einen aromatischen Kräuteressig stopft man ein Weckglas mit Kräutern voll, gießt mit Essig auf und läßt das Glas 2–3 Wochen an der Sonne stehen. Wenn die nicht scheint, können Sie auch einfach einen Kräuteressigsud kochen: Gleiche Zutaten, einmal aufkochen und lange ziehen lassen.

Für ein duftendes Essigbad gießen Sie 1 Tasse Obstessig ins warme Badewasser, lassen 10 Tropfen ätherisches Öl, bei unreiner Haut zum Beispiel Lavendel, hinterherträufeln und verteilen alles großzügig mit den Händen in der vollen Wanne. Das heilt und desinfiziert.

Erfrischendes Sommerbad

Den *Saft von 4 Zitronen* und zwei weitere, in dünne Scheiben geschnittene Zitronen im lauwarmen Badewasser verteilen. Sieht gut aus! Sie können sich mit den sauren Scheiben außerdem den Körper abrubbeln. Das macht die Haut seidenweich und die Frau putzmunter.

Bad für einen unglücklichen Teenie

Für die gewaltige Fettproduktion eines Teenagers sind die Poren noch viel zu fein. Dadurch kommt es zum Talgstau und zu Entzündungen. Das heißt: Pickel! Der unglückliche Teenie muß nun seine Haut gut säubern und darf sie nicht reizen. Der Fettsäuremantel muß normalisiert werden. Bereiten Sie deshalb einen starken, entzündungshemmenden Aufguß aus

- *1 Handvoll Salbei*
- *1 Handvoll Lavendel*

und gießen Sie ihn ins Badewasser. Nach einer Viertelstunde ist das Bad beendet, und der Körper wird mit einem frischen Lappen abgerubbelt, der mit warmem, unverdünntem *Obstessig* getränkt ist. Das verstärkt die reinigende Wirkung, Kalkrückstände werden entfernt und der Hautstoffwechsel angeregt.

Viktorianisches Senfbad zum Einheizen

• *1 Tasse voll Senfpulver*

in kaltem Wasser lösen und dann in die vollgelaufene Badewanne gießen. Eintauchen und sich wundern. Es tut sich
nämlich lange nichts. Aber dann fängt es an, in der Wanne zu
kochen, die Haut wird hummerrot, und man sollte schnell
aus dem Wasser fliehen und sich warm irgendwo in die Ecke
kuscheln. Das ist gut bei Durchblutungsstörungen, an frostigen Tagen und wenn man ganz einsam ist auf dieser Welt.
Das Bad ist toll, aber man sollte es genauso selten anwenden
wie das Wasabibad.

 Wasabibad gegen das feuchte Frösteln

Mit Wasabi, dem grünen, teuflisch-scharfen Meerettich, den
die Japaner zum Sushi servieren, muß man vorsichtig sein.
Dieses Bad ist nichts für Kinder und nichts für empfindliche
Haut. Es eignet sich gut bei schwacher Durchblutung und
Wintererkältungen.
1 Eßlöffel Wasabipulver oder -paste reicht für eine Schüssel
voll warmem Wasser, in das man die eiskalten Füßchen stellt.
Oder die frostigen Hände taucht. Man kann sich mit dem
Wasser auch einreiben. So merkt man am besten, welche
Kraft in der Wurzel steckt, und kann die erträgliche Menge
für ein Vollbad besser abschätzen.
½ Tasse voll Wasabipulver heizt bei einem 15-Minuten-Bad
kräftig ein, und der so erhitzte Mensch kann gut verpackt
und mit Tee versorgt im Schaukelstuhl ausruhen.

Sinnliche Bäder:
Die Wonne
in der Wanne

Bäder machen weich und willig. Wenn der Körper ganz umschmeichelt ist von köstlich warmem Wasser, dessen Duft in die Nase steigt und dessen Essenz in die Haut eindringt, dann wird auch die Seele bereit für die Liebe. Ein Bad ist die aufregendste Vorbereitung für eine Nacht zu zweit. Nirgendwo sonst kommt man sich näher – ausgenommen im Bett. Gönnen Sie sich die Zeremonie eines erotischen Bades, und Sie werden süchtig danach werden.

Schmusebad für zwei

- *1 Tasse Honig*
- *4 Tropfen Ylang-Ylang*
- *2 Tropfen Jasmin*
- *4 Tropfen Sandelholz*

Diese Mischung zaubert eine erotische Atmosphäre. Hoffentlich haben Sie genug Platz in der Wanne.

Ein Bad für vorher

- *100 ml Sojaöl*
- *2 Teelöffel Mulsifan*
- *2 Tropfen Rose*
- *4 Tropfen Jasmin*
- *2 Tropfen Honigessenz*
- *6 Tropfen Sandelholz*

Vermischen Sie die Zutaten gut miteinander. Zwei Eßlöffel von diesem Badeöl reichen, und der sinnliche Duft macht Lust auf Liebe. Wenn beide in der Wanne liegen, ist das die richtige Einstimmung. Das Bad entspannt und heizt ein wenig ein.

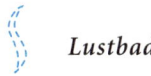

Lustbad

- *1 Stück Zimtrinde*
- *1 Handvoll Melissenblätter*
- *1 Handvoll Rosmarin*

Kochen Sie einen starken, heißen Aufguß, den Sie direkt in die gefüllte Wanne abgießen. Diese Zutaten garantieren Ihnen ein sehr wonniges Bad. Das Rezept kommt aus Indien, wo Zimt als stark aphrodisierendes Mittel geschätzt wird.

Liebesbad
für sexuell antriebsschwache Kerle

- *1–2 Eßlöffel Pflanzenöl*
- *3 Tropfen Patschuli*
- *5 Tropfen Vetivert*
- *5 Tropfen Sandelholz*

Alles miteinander vermischen und in die Wanne kippen. Dazu eine starke, heiße Abkochung von

- *50 g Bohnenkraut*

die sie wieder direkt ins Wasser gießen. Das sollte reichen. Vom Bohnenkraut wußten schon die alten Griechen, daß es die Liebesbegierde reizt. Der französische Kräutergelehrte Messegue schwört auch heute darauf: eines der wirksamsten Liebesmittel! Er muß es wissen, denn er ist auch nicht mehr der Jüngste.

Bad für die erotische Verführung

- *1 – 2 Eßlöffel Pflanzenöl*
- *3 Tropfen schwarzer Pfeffer*
- *10 Tropfen Muskatellersalbei*
- *4 Tropfen Jasmin*

Pfeffer wird in den arabischen Ländern sehr häufig im Liebeszauber verwendet. Eine Frau, die ihren abwesenden Mann zu sich zurückrufen will, verbrennt zum Beispiel Pfeffer- und Koriandersamen. Ein Mann benutzt Pfeffer und Safran als Räuchermittel, um auf magischem Wege Liebe und Eheversprechen zu erzwingen. In den asiatischen Ländern wird Pfefferöl eher wegen seines aufreizenden Charakters geschätzt. Muskatellersalbei hat ein süßes und frisches Aroma. Es aktiviert die hingebungsvolle Leichtigkeit und Weichheit, die man auch Venusenergie nennt. Eigentlich müßte die Verführung mit diesen Zutaten gelingen. Wenn das Objekt der Begierde sich baden läßt.

Sehnsuchtsbad

- *1 – 2 Eßlöffel Pflanzenöl*
- *8 Tropfen Muskatellersalbei*
- *3 Tropfen Bergamotte*
- *5 Tropfen Ylang-Ylang*

Dieses Bad vertreibt Traurigkeit, Tränen und Liebeskummer. Es wirkt aufheiternd und aktivierend auf die Sonnenpower, die jeder von uns im Leib haben sollte.

Bad für die Frau, die nicht will

- *1–2 Eßlöffel Pflanzenöl*
- *8 Tropfen Ylang-Ylang*
- *5 Tropfen Rose*
- *3 Tropfen Muskatellersalbei*

Alle Zutaten werden gut vermischt und im Badewasser verteilt. Das ist die richtige Einstimmung und Vorbereitung für eine unentschlossene Frau. Ylang-Ylang, die Pflanze mit den stark duftenden Blüten, kommt aus Malaysia und wird in vielen wertvollen Parfums verarbeitet, die besonders erotisch und weiblich wirken.

Bad für Männer, das Lust macht

- *1–2 Eßlöffel Pflanzenöl*
- *4 Tropfen Salbei*
- *4 Tropfen Vetivert*
- *4 Tropfen Nelke*
- *4 Tropfen Sandelholz*

Diese Mischung wird auf der Wasseroberfläche verteilt. Das ist die richtige Einstimmung für den sinnlichen Mann.
Der Duft des Bades ist männlich, orientalisch, und die liebefördernde Wirkung von Sandelholz wird vom Roten Meer über Japan bis Indien gepriesen.

Sprudelbad für Leidenschaftliche

- 20 g Soda
- 10 g Natron
- 5 g Natriumperborat
- 4 Tropfen Orangenblütenöl
- 2 Tropfen Rose
- 5 Tropfen Kardamom

Alles gut vermischen und im warmen Badewasser verteilen. Diese Mischung reicht für ein Bad. Wer Lust auf mehr hat, kann die Mengen einfach vervielfachen und in einem Glasgefäß aufbewahren. Das Natriumperborat entwickelt mit dem Wasser Sauerstoff und sprudelt und prickelt leicht auf der Haut.

Kardamom gehört zu den indischen Gewürzen, die am häufigsten als Aphrodisiaka verwendet werden. Er löst ein Hochgefühl aus und, wie es heißt, heftige sexuelle Wünsche. Es tut bestimmt gut, wenn Sie während des Bades ein Täßchen Mokka trinken, der zusammen mit 1 Teelöffel Kardamom aufgebrüht wurde. Falls ein Kaffee Sie nachts umtreibt, geben Sie eine Prise Kardamom in heiße Milch mit Honig. Auch das versüßt die Nacht.

Picknick in der Badewanne

Wer ein schönes, großes Badezimmer hat mit einer geräumigen Badewanne darin, der kann ein Schäferstündchen veranstalten, das sich gewaschen hat. Außer Blumen und Musik gehören Kerzenleuchter unbedingt dazu – und ein Hocker mit einem Tablett. Denn auf diesem Tablett steht ein aphrodisischer Imbiß bereit, der zufrieden macht und sättigt, aber nicht vollstopft. Wir empfehlen ein Menü, das man schlürfen und mit den Händen essen kann.

- *1 Tasse Selleriecremesuppe*
- *verschiedene gebutterte Toasts mit Avocadomus und Lachsstreifen*
- *Schlemmertoasts mit Beefsteakhack und Kaviar*
- *Datteln, Weintrauben oder Feigen*

Sie dürfen auch einen Hummer knacken oder Austern schlürfen. Alle diese Lebensmittel haben als Potenzmittel einen untadeligen Ruf. Als Getränk eignet sich – wie fast immer – Champagner.

Für das dazu passende supersüße Schlaraffenbad brauchen Sie

- *2 Eßlöffel Pflanzenöl*
- *3 l Buttermilch*
- *$\frac{1}{2}$ Tasse Bienenhonig*
- *10 Tropfen Ylang-Ylang*
- *5 frische rote Rosenblätter*

die auf der milchigen Oberfläche schwimmen. Dieses Bad ist so himmlisch, daß Sie vielleicht länger als 20 Minuten darin liegen werden. Doch bevor Sie schrumpelig wie Waldschrate aussehen, sollten Sie vielleicht lieber zur Spätvorstellung ins Bett gehen und dort mit einer schauerlich wollüstigen Ganzkörpermassage weitermachen.

BÄDER
ZUM
VERSCHENKEN

Badeöle sind nicht nur wegen ihrer kostbaren Ingredienzien wunderschöne Geschenke, sie sehen auch sehr dekorativ aus – besonders wenn Sie die Ölmischungen einfärben und in schöne Gefäße füllen.

Zum Färben eignet sich absolut ungiftige Lebensmittelfarbe. Die ist zwar nur wasserlöslich, aber wenn Sie sie zuerst mit LV 41, einem Lösungsvermittler, mischen und erst dann mit dem Öl zusammenschütteln, haben Sie trotzdem einen schönen farbigen und wohlduftenden Badezusatz. Und im farbigen Wasser träumt es sich viel genüßlicher.

Sie können sich dieses «Problem» aber auch zunutze machen, und Badeöle in mehreren verschiedenfarbigen Schichten in eine Flasche füllen. Sie färben zuerst ein bißchen Wasser mit Lebensmittelfarbe, füllen das bunte Wasser in eine Flasche und gießen dann vorsichtig die Ölmischung dazu.

Besonders geheimnisvoll sieht ein Badezusatz aus, der in zwei oder drei verschiedenfarbigen Schichten in einer schmalen, hohen Flasche aufbewahrt wird. Das Geheimnis:

- *1 Teil Wasser, gefärbt mit 1 Tropfen Lebensmittelfarbe*
- *1 Teil Pflanzenöl (grünliches Olivenöl, rotes Johanniskrautöl, gelbes Weizenkeimöl, weißes Jojobaöl oder eine Mischung)*
- *1 Teil Weingeist (96 Volumprozent), in dem eine Duftmischung aus ätherischen Ölen gelöst ist*

Das farbige Wasser wird zuerst in die Flasche gegossen. Danach kommt das Pflanzenöl, das leichter ist und oben schwimmt. Die leichteste Flüssigkeit ist Alkohol, der durch das ätherische Öl pastellig gefärbt ist. Er schwimmt als Abschluß obenauf. Von diesem dreifarbigen Badeöl sollte man nur kleine Flaschen vorbereiten, die den Zusatz für ein Bad fassen, denn nachdem die Flasche einmal geschüttelt wurde, teilt sich der Inhalt nicht mehr in drei Lagen, sondern nur noch in zwei. Die duftende Alkoholschicht verbindet sich nämlich mit dem Wasser zu einer milchigen Flüssigkeit, auf der das transparente Pflanzenöl schwimmt.

Wenn das ätherische Öl gleich mit dem Pflanzenöl gemischt wird, ergeben sich zusammen mit Wasser nur zwei farbige Schichten. Diese zwei Schichten werden sich aber nach jedem Schütteln wieder sauber teilen. Solche mehrfarbigen Badezusätze sehen aus wie Hexengebräu und sind entsprechend zauberhaft.

 ### Bad für den Schatz

Eine kleine gläserne Karaffe wird mit feinem, feuchtigkeitsspendenden *Pflanzenöl* gefüllt. Zum Beispiel mit Mandelöl. Einige *Vitamin-E-Kapseln*, aufgepikt und ausgedrückt, verfeinern das Öl noch. Dann kommen *ätherische Öle* hinzu. Zur Berechnung der Menge gilt auch hier die Faustregel für alle Ölbäder: Für ein Bad braucht man etwa 1 Eßlöffel Ölmischung, die pro Eßlöffel 6–8 Tropfen ätherisches Öl enthält. Mit dieser «Formel» können Sie je nach Bedarf die Menge des ätherischen Öls bestimmen, die Sie zum Parfümieren noch in Ihre Glaskaraffe träufeln sollten. Wählen Sie

Essenzen in einer Ihrer Nase angenehmen Mischung aus *Rose oder Geranie* und *Honigessenz* und insgesamt nicht mehr als *2 Tropfen Vanille*. Schütteln Sie alle Zutaten gut durch. Danach stopfen Sie einige getrocknete Rosenblütenblätter durch den Karaffenhals und einige kleinere, ganze, getrocknete Rosenblüten. Ein paar der Blätter versinken langsam, ein paar schweben, und einige liegen auf dem Öl. Es ist wirklich wichtig, daß die Blätter gut getrocknet sind. Denn wenn sie noch Feuchtigkeit in sich haben, bildet sich leicht ein ekliger Schimmelpilz.

 ### Rot für die Liebste

- *1 Eßlöffel Meersalz*
- *1 Tasse Wasser*
- *2 Tropfen rote Lebensmittelfarbe*
- *1 Tasse Pflanzenöl*
- *4 Tropfen Geranie*
- *4 Tropfen Melisse*
- *1 Tropfen Ylang-Ylang*

Zunächst wird das Meersalz im Wasser ganz aufgelöst und dann mit der Lebensmittelfarbe rot gefärbt. Füllen Sie diese Flüssigkeit in eine schöne schlanke Glasflasche. Dann vermischen Sie die öligen Zutaten und gießen alles auf die Salzlösung. Dieses Bad macht die Liebste sanft und willig.

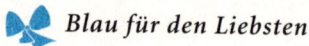 *Blau für den Liebsten*

- *1 Eßlöffel Meersalz*
- *1 Tasse Wasser*
- *2 Tropfen blaue Lebensmittelfarbe*
- *1 Tasse Pflanzenöl*
- *6 Tropfen Sandelholz*
- *2 Tropfen Hyanzinthe*
- *1 Tropfen Patschuli*

Das Bad für *den* Liebsten wird genauso zubereitet wie das für *die* Liebste: Meersalz wird im Wasser gelöst und mit Lebensmittelfarbe blau gefärbt. So kommt es in die Glasflasche. Damit der Liebste im Bad auch anfängt schön zu träumen, wird das Pflanzenöl herb-würzig beduftet.

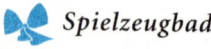 Spielzeugbad

- *200 ml Sojaöl*
- *40 Tropfen Tangerine*
- *2 Eßlöffel Mulsifan*

Tangerine und Mandarine sind schöne, leichte Düfte, die Kinder besonders gern mögen. Vermischen Sie alle Zutaten, bevor Sie sie in eine Flasche mit weitem Hals füllen. Dazu kann man noch ein paar kleine Plastiktierchen, Schlangen, Krokodile und Palmen oder Spielzeug aus Überraschungseiern stopfen, die dann bei jedem Bad mit dem Öl herausschwimmen. Pro Bad genügen 1–2 Eßlöffel plus Spielzeug.

 *Geburtstagsbad*

- *1 Eßlöffel Sonnenblumenöl*
- *1 Tropfen Mandarine*
- *1 Tropfen Orange*

Hier kann der Emulgator ruhig mal wegbleiben, denn die Kinder, die mit einem solchen Geburtstagsbad beschenkt werden, verteilen das Öl samt Duft beim Planschen ganz von allein. Füllen Sie die Flasche zur Hälfte mit rot gefärbtem Wasser und zur Hälfte mit der Mischung aus Pflanzen- und ätherischem Öl. Wenn Sie haben, bugsieren Sie noch ein paar kleine, bunte Plastikperlen in die Flasche. Das sieht lustig aus und erinnert an Liebesperlenflaschen.

 *Engelsbad*

- *100 ml Sojaöl*
- *10 Tropfen Orange*
- *10 Tropfen Rose*
- *5 Tropfen Myrte*
- *5 Tropfen Moschus (synthetisch)*
- *5 Tropfen Amber (synthetisch)*
- *eventuell 1 Teelöffel Mulsifan*

Wer will, kann in dieses Badeöl ein bißchen Goldflitter streuen. Das ist natürlich nur ein Gag, und zuviel piekt bestimmt am Po. Aber wenn man die Flasche schüttelt, sieht es hübsch aus, und der Engel wird sich freuen über das Geschenk.

KALTE
UND WARME
DUSCHEN

Wasseranwendungen waren schon in der Antike eine beliebte Methode, um den Körper zu stärken und zu heilen, und es gibt auch heute noch kaum eine Kur, in der nicht Güsse und Bäder zum Wohle der Patienten verordnet werden.

Nun ist zwar ein Vollbad in der Badewanne sehr viel phantasievoller zu gestalten als ein Duschbad, aber für viele Menschen gibt es aus Zeitgründen oder aus Platzmangel gar keine Wahl. Manche mögen nicht gern in die Wanne steigen, weil sie das zu müde macht. Sie schätzen eher die schnell reinigende Dusche, die den Körper erfrischt und den Kreislauf anregt. Drei Minuten heiß abgebraust und zwanzig Sekunden kalt geschockt, dann wieder heiß und noch einmal kalt, das ist das Rezept für einen Energieschub am Morgen. Sowohl im Sommer als auch im Winter.

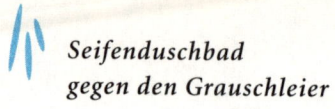

Seifenduschbad
gegen den Grauschleier

Wenn Sie sich ein kleines, grobes Netz häkeln, können Sie darin alle schönen Seifenreste sammeln. Hängen Sie dies Netz in die Dusche und rubbeln Sie sich damit unter der morgendlichen Brause kräftig ab. Das harte Baumwollgarn schrubbt und massiert den Leib wieder rosig und wie neu.

Duschgel für heiße Sommertage

- 40 g Sonnenblumenöl
- 30 g Betain
- 30 g Zetesol
- 5 g Mulsifan
- 50 Tropfen Pampelmuse
- 20 Tropfen Pfefferminze

Mischen Sie alle Zutaten gut zusammen und färben Sie sie mit einem Tröpfchen blauer Lebensmittelfarbe. Das Ergebnis ist ein erfrischender und sehr milder Duschschaum für die Zeit, in der draußen die Sonne am Himmel glüht und man bei jeder Bewegung ins Schwitzen kommt.

Duschgel für einen blitzblanken Morgen

- *40 g Sonnenblumenöl*
- *30 g Betain*
- *30 g Zetesol*
- *5 g Mulsifan*
- *50 Tropfen Rosmarin*
- *20 Tropfen Pfefferminze*

Wieder alles zusammenmischen und nach Wunsch färben. Wie finden Sie beispielsweise grün? Hinterher brauchen Sie den Körper nicht unbedingt einzucremen. Dieses Waschgel ist sehr milde.

Duschpeeling im Sommer

Verrühren Sie *Olivenöl* aus der Küche mit *einfachem Kochsalz* in der Hand zu einem milchigen Brei und reiben Sie unter der Dusche den ganzen, von Sonne und Sand und Sonnencremes klebrigen Körper vorsichtig ab. Das reinigt sehr gut, fettet die Haut, und das überschüssige Öl wird vom nachlaufenden warmen Wasser abgespült.

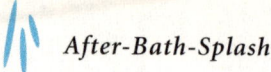

After-Bath-Splash

- $1/4$ Tasse kaltes Mineralwasser
- 1 Eßlöffel Eau de Cologne

Beide Zutaten gut zusammenschütteln und großzügig über den Körper verteilen. Das duftet nur ganz dezent und macht munter.

Kräuterdusche für fette Haut

Für einen Kräuteressig stopft man ein Weckglas mit getrocknetem Salbei voll, füllt mit Obstessig auf und läßt das Glas 2–3 Wochen in der Sonne stehen. Wer dazu zu faul ist, kann den Essig auch mit den Kräutern aufkochen und dann erkalten lassen, das wird aber von den Puristen nicht gern gesehen. Mit einem in diesem Essig getränkten Schwamm den Körper nach der Dusche abreiben. Der Essiggeruch verfliegt sehr rasch, der würzige Hauch bleibt.

 *Tropical-Body-Polish*

- *¹/₂ frische Ananas*
- *2 Tassen sprudelndes Mineralwasser*

Pürieren Sie die ausgelösten Ananasstücke im Mixer oder mit dem Zauberstab. Dann mixen Sie das Wasser mit dem Ananaspüree zusammen, so daß alles schön weich und cremig ist. Sie können auch noch mehr Ananassaft hinzufügen, um die Masse flüssiger zu gestalten. Nach dem Wasch- und Spülgang unter der Dusche nehmen Sie zum Abschluß einen großen Schwamm oder einen Waschlappen und verteilen damit den tropischen Ananas-Polish über Ihren ganzen Körper. Ananas erfrischt die Haut. Sie enthält ein Enzym, das die abgestorbenen Zellen löst und besonders gut säubert. Das ist eine wunderbare Britzelbrause für einen sauberen Start in den Tag. Cremen Sie sich hinterher ein bißchen ein, wenn Sie empfindliche und trockene Haut haben.

FUSSBÄDER – NICHT NUR FÜR LAHME

Wer kümmert sich schon täglich um das Wohlergehen seiner Füße? Sie sollen uns tragen, und da sie sowieso eingesperrt sind, sieht man sie auch nicht.

Aber wehe, es geht ihnen nicht gut. Wehe, sie sind dick geschwollen, weil die Schuhe zu eng sind, weil wir den ganzen Tag lang gelaufen sind oder gestanden haben. Wenn es dazu noch heiß ist und wir müde sind, dann geht es uns schlecht. Fußweh packt den ganzen Menschen, die Gesichtszüge werden grimmig, der Blick wird matt, und die Mundwinkel hängen herunter.

Ein Fußbad kann den ganzen Schmerz und die Anstrengung eines Tages wegspülen und alle Last von der Seele nehmen. Lehnen Sie sich entspannt im Sessel zurück, greifen Sie sich ein Buch oder die Fernbedienung und tauchen Sie die geschundenen Füße ein.

Baden Sie sie ein Viertelstündchen, trocknen sie sorgfältig ab, schlingen Sie sie in ein Frotteetuch und legen sie hoch, am besten etwas höher als den Kopf.

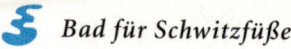 *Bad für Schwitzfüße*

- *2 Handvoll frischer Salbei*
- *oder 3 Eßlöffel getrockneter Salbei*
- *oder eine Mischung aus Salbei, Lorbeer, Thymian und Lavendel*
- *1 Eßlöffel Meersalz*

Füllen Sie alle Zutaten in eine Schüssel und übergießen Sie die Kräuter mit kochendem Wasser. Wenn das Wasser so weit abgekühlt ist, daß es sich angenehm anfühlt, setzen Sie sich in einen bequemen Sessel, stellen Ihre angestrengten, erhitzten Füße in die Schüssel und ruhen sich aus. Sie werden schnell merken, wie angenehm stärkend und erholsam dieses Bad für Ihren ganzen Körper ist. Die Kräuter kühlen und festigen die Haut und sind gut gegen übermäßige Schweißbildung.

 Fußbad zum Ausruhen

- *3 Tassen Obstessig*
- *Saft von 2 Zitronen*

Gießen Sie Essig und Saft in 3 l warmes Wasser und stellen Sie Ihre Füße in die Schüssel. Lehnen Sie sich erst zurück, wenn Sie ein paar Minuten lang mit nassen Händen die Waden hinauf bis zum Knie massiert haben, wenn die Muskulatur weich und nachgiebig ist und Sie spüren, wie das Blut wieder zirkuliert.

 *Bad für kalte Füße*

Wenn Sie bei feuchtem Wetter anfangen zu frösteln und einfach keine Wärme in Ihren Leib kommt, reicht ebenfalls ein Fußbad, um ganz offensichtlich für Wohlbefinden zu sorgen. Statt mit einem Kräuterauszug heizen Sie den kalten Füßen am besten mit einem scharfen Senfbad ein. Rühren Sie

- *2 Teelöffel Senfmehl*
- *oder 1 Eßlöffel gemahlene, schwarze Senfkörner*
- *etwas kochendes Wasser*

zu einem Brei und geben Sie diesen Brei in das warme Fußbad. Es dauert ein Weilchen, bis Sie plötzlich merken, wie angenehm kribbelig das Bad wirkt, wie warm Füße und Beine werden und wie die Energie in Ihren Körper strömt.

 Bad für den Blues-Fuß

- *1 Handvoll Wacholderbeeren*
- *1 Handvoll Pfefferminze*
- *2 Tropfen Rosmarin*

Übergießen Sie die Beeren und das Kraut mit 3 l kochendem Wasser und lassen Sie es so lange ziehen, bis die Temperatur ausreichend abgekühlt ist. Nun tröpfeln Sie Rosmarinessenz dazu und stellen die Füße in die Schüssel. Das erfrischt und stärkt die Fußhaut. Nach einem ganzen Tag im Stehen ist dieses Bad eine Wohltat.

Bad, das müde Füße wieder auf Trab bringt

Wenn Sie nach einem langen Tag in engen Schuhen noch etwas Angenehmes auf weichen Sohlen erleben wollen, nehmen Sie

- *1 Handvoll Beifuß*

Gießen Sie 3 l kochendes Wasser über die Kräuter. Teilen Sie dann die Flüssigkeit: Lassen Sie die eine Hälfte im Kühlschrank abkühlen oder werfen Sie Eisstücke hinein und erhitzen Sie die andere Hälfte noch einmal. Nun baden Sie jeden Fuß 5 Minuten erst heiß dann kalt. Trocknen Sie die Füße, und pudern Sie sie mit Talkumpuder ein. Das erfrischt müde und geschwollene Füße.

Fußbad vor dem Schlafengehen

- *2 Eßlöffel Meersalz*
- *1 Tasse getrocknete Brennesseln*
- *1 Tasse Beinwell*
- *2 Tropfen Lavendel*

Kochen Sie 3 l Wasser und lösen Sie das Meersalz darin auf. Gießen Sie alles über die Kräuter und lassen es abkühlen, bis die Temperatur angenehm ist. Dann sammeln Sie die Kräuter in ein Badesäckchen. Nun träufeln Sie Lavendel in das Wasser und stellen Ihre armen Füße hinein. Mit dem Kräutersäckchen rubbeln Sie sorgfältig die Waden hinauf und hinunter. Am schönsten ist es, wenn das ein lieber Mensch für Sie tut. Das durchblutet die Beine, und Sie sind danach ganz wunderbar entspannt und locker.

MAGISCHE
BÄDER
ZUM VERZAUBERN

In der Welt der Magie nehmen Kräuter einen erfreulichen und manchmal auch erheiternden Platz ein, der niemandem verschlossen zu bleiben braucht. Wenn Sie sich stark konzentrieren auf das Ziel Ihrer Wünsche – und nur dann –, wird Ihr Leben mit einem magischen Kräuterbad eine positive Wendung nehmen. Nehmen Sie sich viel Zeit und lassen Sie die Kraft Ihrer Gedanken der gelösten Pflanzenkraft begegnen. Vielleicht zünden Sie dabei noch ein Räucherstäbchen an, denn dann wird alles gut.

Liebeszauber

Bevor Sie zum Treffen mit einer aufregenden neuen Bekanntschaft eilen, steigen Sie in ein Bad, das Sie mit einer Abkochung aus *Thymian*, *Akazienblüten* und *Rosmarin* gewürzt haben.

Mengen sind in dem magischen Rezept nicht angegeben. Wahrscheinlich richten sich die nach der Menge der Liebe, die Sie verkraften können. Dazu kommen *3 Tropfen Rosenöl*. Denken Sie intensiv an das, was noch kommen mag. Das wird Sie erotisieren, und heftiges Wünschen hilft bestimmt. Schließlich wäre es reichlich bequem, alles allein den Kräutern zu überlassen.

 Bad für Raffzähne

Stellen Sie einen starken Aufguß für die Badewanne her. Nehmen Sie reichlich

- *Basilikum*
- *Zimtstangen*

Kochen Sie beides eine Viertelstunde lang aus und geben Sie die Flüssigkeit ins Badewasser. Hauptsache, Sie denken beim Planschen an das viele Geld und Gold, in dem Sie bald schwimmen werden, und an die Innenausstattung des begehbaren Tresors, der jetzt angeschafft werden muß.

Schützendes Bad

In diesem antiken Rezept ist leider noch nicht einmal angegeben, um welche Art von Schutz vor welcher Art von Ungemach es sich handelt. Da sollten Sie nicht kleinlich sein. Kochen Sie zuversichtlich eine große Menge von *Rosmarin*, *Dillsamen*, *Lorbeer*, *Fenchel* und *Basilikum* auf.

Gleiten Sie in die Badewanne und stellen Sie sich vor, daß Ihnen der perfekte Rundumschutz gegen Armut, Krankheit, Liebesleid, üble Nachrede und Mückenstiche sicher ist.

Schönheitsbad

- *Lavendel*
- *Rosmarin*
- *Pfefferminze*
- *Beinwell*
- *Thymian*

Nehmen Sie von jedem Kraut ungefähr eine Handvoll. Kochen Sie die Kräuter aus und gießen Sie alles ins Badewasser. Das klingt nach einem vernünftigen Schönheitsrezept. Da es sich aber um ein magisches Rezept handelt, sollten Sie Kerzen anzünden und kühn den dringenden Wunsch nach einer besseren Figur, ewiger Jugend und Liebreiz im Kopf drehen und wenden.

GUT ZU WISSEN

PFLANZENAUSZÜGE UND
IHRE WIRKUNGEN:
KRÄUTER UND ESSENZEN

Ätherische Öle verdunsten sehr schnell. Einige haben zwar eine ölige Konsistenz, sie hinterlassen aber keine Fettflecken. Die meisten Essenzen sind wäßrig, hell und klar. Gewonnen werden sie aus Blüten, Blättern, Schale oder Rinde sowie aus dem Kernholz, der Wurzel oder dem Harz von Pflanzen. Das gebräuchlichste Verfahren zur Gewinnung von ätherischen Ölen ist die Wasserdampfdestillation. Dabei werden Pflanzenteile in einen Bottich gegeben, durch den man Dampf strömen läßt. Die ätherischen Öle verdampfen zusammen mit dem Wasser. Sie kühlen wieder ab, das Destillat wird aufgefangen, und die nicht wasserlöslichen Essenzen können vom Wasser getrennt werden.

Diese heiße Prozedur würde empfindliche Blütendüfte wie Jasmin, Orangen oder Veilchen zerstören. Deshalb wendet man hier üblicherweise eine Form der kalten Extraktion an, die zeitaufwendiger, aber schonender ist. Man löst die ätherischen Öle mit Hilfe flüchtiger Lösungsmittel. Die Blüten werden darin gewaschen, die Essenz löst sich. Nun muß die Essenz durch einen weiteren Arbeitsgang vom Lösungsmittel getrennt werden. Die Flüssigkeit wird bei der Temperatur destilliert, bei der das ätherische Öl kondensiert, nicht aber das Lösungsmittel.

Bei einer anderen Methode, die aber nur bei Zitrusfrüchten funktioniert, geschieht die Extraktion der Essenz dadurch, daß die Schale ausgepreßt wird. Früher wurde das von Hand gemacht, heute übernehmen Maschinen, die die Zentrifugalkraft nutzen, diese Arbeit. Wenn Sie ein Stückchen Orangenschale an einer Kerzenflamme auspressen, können Sie sehen, wie die feinen Tröpfchen sofort entflammen.

Ätherische Öle wandern je nach Tages- und Jahreszeit von einem Teil der Pflanze in einen anderen und verändern dabei ihre Konzentration. Deshalb hat man herausgefunden, zu welchen Zeiten, manchmal zu welcher Stunde des Tages, bei welchen Wetterbedingungen eine Pflanze geerntet werden muß, damit sie die beste Qualität und die reichste Ausbeute liefert. Das gilt nicht nur für die Gewinnung von Essenzen; auch beim Kräutersammeln spielen diese Faktoren eine große Rolle.

Die Verwendung von Pflanzen bei Heilkunde und Körperpflege hat eine lange Tradition. Ihre Bedeutung hat eher noch zugenommen, seit es gelungen ist, die therapeutische Wirkung wissenschaftlich nachzuweisen.

Die Wirkstoffe von ätherischen Ölen und Kräutern können nämlich, egal ob innerlich oder äußerlich angewandt, in den Körper, den Zellstoffwechsel, den Kreislauf und sogar in die inneren Organe gelangen. Dort wirken sie durch ihre vielfältigen Inhaltsstoffe zum Beispiel desinfizierend, durchblutungsfördernd, entzündungshemmend, entspannend. Wenn Sie ätherische Öle kaufen, versichern Sie sich, daß die Qualität gut ist, daß sie hundertprozentig rein sind. Im Anhang nennen wir einige Adressen, wo Sie ätherische Öle bestellen können.

Da manche ätherischen Öle bei manchen Menschen zu allergischen Reaktionen führen, machen Sie lieber einen Allergietest, bevor Sie Essenzen in Ihrer Kosmetik verwenden. Reiben Sie sich ein wenig auf die Innenseite des Unterarmes. Wenn Sie am nächsten Tag noch keine Reaktion wahrnehmen, können Sie die Essenz verwenden.

BALDRIAN

wäßriger Auszug und ätherisches Öl

Wirkung auf Nerven und Psyche: beruhigend, schlaffördernd;

Wirkung auf die Haut: beruhigend bei Reizungen und Überempfindlichkeit

BASILIKUM

wäßriger Auszug und ätherisches Öl

harmoniert mit Bergamotte und Geranie;

Wirkung auf Nerven und Psyche: vertreibt Angst, schärft die Sinne und stärkt den Willen;

Wirkung auf die Haut: Klärt matte und verstopfte Haut, lindert die Stiche von Wespen und anderem Fliegzeug, kräftigt die Haut

BEIFUSS

wäßriger Auszug

Wirkung auf die Haut: krampflösend und anregend

BEINWELL

wäßriger Auszug

Wirkung auf die Haut: zusammenziehend, entzündungshemmend, heilungsfördernd

BENZOE

ätherisches Öl

harmoniert mit Rose und Sandelholz;

Wirkung auf Nerven und Psyche: baut wieder auf bei emotionaler Erschöpfung und Niedergeschlagenheit, schafft ein Gefühl von Geborgenheit;

Wirkung auf die Haut: glättet rissige und trockene Haut, hilft bei Dermatitis, Hautreizungen, Wunden

BERGAMOTTE

ätherisches Öl

harmoniert mit Zypresse, Jasmin, Lavendel und Neroli;

Wirkung auf Nerven und Psyche: wirkt belebend und stimmungsaufhellend bei Ängsten, Depressionen, Spannungen;

Wirkung auf die Haut: hilft bei Akne und fettiger Haut

BOHNENKRAUT

wäßriger Auszug und ätherisches Öl

Wirkung auf Nerven und Psyche: stärkend, aufbauend;

Wirkung auf die Haut: wundheilend, antiseptisch

CAJEPUT

ätherisches Öl

Wirkung auf Nerven und Psyche: schafft Klarheit, gibt Antrieb für einen Neuanfang;

Wirkung auf die Haut: hilft bei Hautkrankheiten, Schuppen, kaputter Kopfhaut; bei Erkältung schafft die Inhalation Erleichterung

EISENKRAUT (VERBENA)

wäßriger Auszug und ätherisches Öl
harmoniert mit Neroli, Jasmin, Orange und Wacholder;

Wirkung auf Nerven und Psyche: erfrischend, Rettung nach einem aufregenden Tag, bringt Glücksgefühle;

Wirkung auf die Haut: tonisierend, antiseptisch

EUKALYPTUS

ätherisches Öl
harmoniert mit Lavendel, Fichte, Melisse und Kiefer;

Wirkung auf Nerven und Psyche: fördert die Konzentration, lindert Neuralgien, schafft klare Gedanken;

Wirkung auf die Haut: wirkt antiseptisch, regenerierend, desodorierend

FENCHEL

wäßriger Auszug der Samen und ätherisches Öl
harmoniert mit Ingwer, Honig und Rose;

Wirkung auf Nerven und Psyche: sehr beruhigend, warm und süß bei starker Anspannung, Nervosität und Streß;

Wirkung auf die Haut: erfrischt und wärmt sie, macht sie glatt, weich, schön und rein

FICHTE

wäßriger Auszug und ätherisches Öl
harmoniert mit Zedernholz, Rosmarin und Salbei;

Wirkung auf Nerven und Psyche: stärkt bei allgemeiner Nervenschwäche, tröstlich bei Verlassenheit und wenn alles drunter und drüber geht

GERANIE
ätherisches Öl

harmoniert mit Basilikum, Zitrusdüften und Rose;

Wirkung auf Nerven und Psyche: gleicht Spannungen aus bei seelischen Belastungen, macht gute Laune und beruhigt;

Wirkung auf die Haut: reinigt und klärt die Haut, tonisierend, hilft bei Entzündungen

HONIG
Honig und ätherisches Öl

harmoniert mit allen Blüten- und Zitrusdüften;

Wirkung auf Nerven und Psyche: schafft emotionale Wärme und Geborgenheit, stimmt milde. Als Badezusatz für die Haut wird richtiger Honig der Essenz vorgezogen

HOPFEN
wäßriger Auszug

Wirkung auf Nerven und Psyche: beruhigend und schlaffördernd; die Inhalation hilft gegen Migräne;

Wirkung auf die Haut: heilungsfördernd

INGWER
wäßriger Auszug und ätherisches Öl

harmoniert mit Kamille und Fenchel;

Wirkung auf Nerven und Psyche: Ingwer mobilisiert und macht im übertragenen Sinn Feuer unterm Hintern, wirkt aphrodisierend auf Männer;

Wirkung auf die Haut: durchwärmend, durchblutend

JASMIN
ätherisches Öl

harmoniert mit allen Düften, besonders mit Zitrusaromen;

Wirkung auf Nerven und Psyche: sanft entspannend, weiblich, erogen. Wirkt verführerisch auf Männer. Vertreibt schwarze Gedanken;

Wirkung auf die Haut: für alle Hauttypen, besonders für trockene, sehr empfindliche Haut

KAMILLE
wäßriger Auszug und ätherisches Öl

harmoniert mit Geranie, Lavendel, Rose und Neroli;

Wirkung auf Nerven und Psyche: beruhigend bei Depressionen, Schlaflosigkeit und starker Erregung, schafft Harmonie und Geborgenheit;

Wirkung auf die Haut: hilft bei Akne, bei Verbrennungen und trockener Haut, bei Reizungen und Wunden

KAMPFER
ätherisches Öl

Wirkung auf Nerven und Psyche: wirkt antidepressiv, fördert die klare Wahrnehmung und Konzentration, gut bei Schlaflosigkeit, auch bei Schock;

Wirkung auf die Haut: hilft bei Akne, fettiger Haut und Entzündungen; wärmend und durchblutungsfördernd, hilfreich bei Erkältungen

KARDAMOM
ätherisches Öl
Wirkung auf Nerven und Psyche: muntert auf, belebt,
wärmt, wirkt aphrodisisch;
Wirkung auf die Haut: tonisierend und kräftigend

KNOBLAUCH
wäßriger Auszug
Wirkung auf Nerven und Psyche: hilft bei Neuralgien, wirkt
stärkend und schützend;
Wirkung auf die Haut: hilft bei Verletzungen, Hautleiden,
Flechten, Ekzemen, Entzündungen

LATSCHENKIEFER
wäßriger Auszug und ätherisches Öl
Wirkung auf Nerven und Psyche: beruhigt und entspannt;
Wirkung auf die Haut: hilft bei Hautausschlägen und
Flechten; die Inhalation tut gut bei Erkältungen

LAVENDEL
wäßriger Auszug und ätherisches Öl
harmoniert mit den meisten Ölen, besonders mit Zitrusölen,
Muskatellersalbei, Patschuli, Fichte und Rosmarin;
Wirkung auf Nerven und Psyche: bringt Ängstliche wieder
ins Gleichgewicht, hilft bei Depressionen, allgemeiner Nervenschwäche und Unruhe;
Wirkung auf die Haut: ein Kraut für fast alle Gelegenhei-
ten: Akne, Furunkel, Verbrennungen, Ekzeme …

LEMONGRASS
ätherisches Öl

harmoniert mit Eukalyptus, Wacholder und Geranie;

Wirkung auf Nerven und Psyche: gibt Morgenmuffeln den richtigen Kick, peppt auf bei Konzentrationsmangel, schafft eine optimistische Atmosphäre und weckt Tatendrang;

Wirkung auf die Haut: reinigend und tonisierend bei fetter, großporiger Haut

MAJORAN
wäßriger Auszug, ätherisches Öl

harmoniert mit Bergamotte, Lavendel und Rosmarin;

Wirkung auf Nerven und Psyche: gibt Ängstlichen Mut und Zuversicht, beruhigt bei Schlaflosigkeit, stabilisiert bei Trauer und Verzweiflung

MELISSE
wäßriger Auszug und ätherisches Öl

harmoniert mit Geranie, Lavendel, Neroli und Ylang-Ylang;

Wirkung auf Nerven und Psyche: löst warme Ströme aus, die wohl tun bei Streß und Depressionen; erfrischt und durchwärmt;

Wirkung auf die Haut: lindernd bei Bienenstich und Wespenstich; zur Einreibung bei Kopfschmerz und Rheuma

MUSKATELLERSALBEI

ätherisches Öl

harmoniert mit Zedernholz, Zitrusölen, Weihrauch und Geranie;

Wirkung auf Nerven und Psyche: leicht aphrodisierend, nimmt die Last von den Schultern und gibt Kraft bei Überanstrengung, Nervosität und Angst;

Wirkung auf die Haut: für Haut und Haar bei Entzündungen, Juckreiz und Schuppen

NEROLI

ätherisches Öl

harmoniert mit Lavendel, Sandelholz, Jasmin, Rose und Geranie;

Wirkung auf Nerven und Psyche: beruhigend und entspannend, in Bädern aphrodisisch;

Wirkung auf die Haut: pflegend und regenerierend

ORANGE

wäßriger Auszug, ätherisches Öl

harmoniert mit Koriander, Zimt, Sandelholz, Neroli, Wacholder, Zypresse und Ylang-Ylang;

Wirkung auf Nerven und Psyche: erheiternd und anregend, sinnlich und wärmend;

Wirkung auf die Haut: beruhigend und entstauend bei Cellulite, aufbauend bei trockener, gereizter und schlecht durchbluteter Haut

PATSCHULI
ätherisches Öl
harmoniert mit Bergamotte, Geranie, Lavendel, Neroli, Rose, Pfefferminze und Fichte;

Wirkung auf Nerven und Psyche: besiegt Ängste und Depressionen, ist stark, schwer und sinnlich, fördert Hingabe und Liebesgefühle;

Wirkung auf die Haut: hilft bei rissiger und spröder Haut

PFEFFERMINZE
wäßriger Auszug und ätherisches Öl
harmoniert mit Benzoe, Rosmarin, Patschuli und Zitrone;

Wirkung auf Nerven und Psyche: hilfreich bei Neuralgien, Schock und allgemeiner Nervenschwäche; macht den Kopf frei, verschafft klare Sicht und geistigen Durchblick;

Wirkung auf die Haut: schreckt Insekten ab, kühlt und lindert Entzündungen und Hautreizungen

ROSE
wäßriger Auszug und ätherisches Öl
harmoniert mit Bergamotte, Muskatellersalbei, Geranie, Jasmin, Patschuli, Sandelholz und Neroli;

Wirkung auf Nerven und Psyche: beruhigt, macht weich, gütig und glücklich;

Wirkung auf die Haut: Pflegemittel für alle Hauttypen, aber besonders für trockene und empfindliche Haut

ROSMARIN

wäßriger Auszug und ätherisches Öl
harmoniert mit Pfefferminze, Zitrusdüften, Wacholder und Zeder;

Wirkung auf Nerven und Psyche: anregend, aufrichtend, stärkend bei allgemeiner Schwäche und Antriebslosigkeit;

Wirkung auf die Haut: wirkt antiseptisch und pflegend bei fetter, unreiner Haut und bei Kopfhautproblemen

SALBEI

wäßriger Auszug und ätherisches Öl
harmoniert mit Bergamotte, Zitrone und Lavendel;

Wirkung auf Nerven und Kopfhaut: unterstützt die eigene Abwehr und Selbstheilung (auch seelisch), stärkt Überempfindliche, denen alles leicht zu nahegeht;

Wirkung auf die Haut: wirkt anregend auf schlaffe und schlecht durchblutete Haut

SANDELHOLZ

ätherisches Öl
harmoniert mit Benzoe, schwarzem Pfeffer, Weihrauch, Neroli, Zypresse und Ylang-Ylang;

Wirkung auf Nerven und Psyche: harmonisierend, aphrodisierend, regt Phantasie und Kreativität an, fördert die Intuition

SCHWARZER PFEFFER

ätherisches Öl

harmoniert mit Weihrauch und Sandelholz;

Wirkung auf Nerven und Psyche: anregend für den Kreislauf, lockert und erhitzt Körper und Geist

TEA TREE/TEEBAUMÖL

ätherisches Öl

Wirkung auf Nerven und Psyche: hilft bei Konzentrationsschwäche;

Wirkung auf die Haut: wundheilend

THYMIAN

wäßriger Auszug und ätherisches Öl

harmoniert mit Bergamotte, Zitrone, Melisse und Rosmarin;

Wirkung auf Nerven und Psyche: bei Schlaflosigkeit, bei Traurigkeit und schwachen Nerven; stärkt den Willen;

Wirkung auf die Haut: bei Haarausfall und Entzündungen

WACHOLDER

ätherisches Öl

harmoniert mit Benzoe, Zypresse, Lavendel und Sandelholz;

Wirkung auf Nerven und Psyche: wirkt beruhigend und aufbauend, bringt die Gefühle ins Lot, stärkt die Zuversicht;

Wirkung auf die Haut: hilft bei fetter, unreiner Haut und bei Kopfhautproblemen

WEIHRAUCH
ätherisches Öl

harmoniert mit Basilikum, schwarzem Pfeffer, Kampfer, Zitrusdüften, Geranie, Lavendel, Fichte und Sandelholz;

Wirkung auf Nerven und Psyche: lockert Anspannungen, besänftigt, fördert spirituelle Energien;

Wirkung auf die Haut: hilft bei entzündeter und schlaffer Haut. Manche sagen, Weihrauch verjünge ältere Haut

YLANG-YLANG
ätherisches Öl

harmoniert mit Jasmin und Sandelholz;

Wirkung auf Nerven und Psyche: entkrampfend, erotisierend, weich, süß;

Wirkung auf die Haut: gut für fette, beanspruchte Haut

ZEDERNHOLZ
ätherisches Öl

harmoniert mit Bergamotte, Zypresse, Jasmin und Rosmarin;

Wirkung auf Nerven und Psyche: vertreibt Angst und stabilisiert Überempfindliche;

Wirkung auf die Haut: gut bei Akne und Schuppen

ZIMT

harmoniert mit Zitrusdüften und Nelke;

Wirkung auf Nerven und Psyche: schafft emotionale Wärme und Geborgenheit;

Wirkung auf die Haut: stark antiseptisch

ZITRONE
wäßriger Auszug und ätherisches Öl
harmoniert mit Lavendel, Neroli, Rosmarin und Zimt;

Wirkung auf Nerven und Psyche: bei Zentnerlasten auf der Seele wirkt es befreiend, frischt auf, belebt und bringt auf Trab;

Wirkung auf die Haut: zusammenziehend und abschwellend, kräftigend, gut bei fetter Haut und Insektenstichen; gutes Haarpflegemittel

ZYPRESSE
ätherisches Öl
harmoniert mit Lavendel, Fichte, Sandelholz und Wacholder;

Wirkung auf Nerven und Psyche: beruhigend, tröstend, stärkend, gut für die Konzentration;

Wirkung auf die Haut: bei fetter Haut, roten Äderchen und Schwitzen; zusammenziehend bei schlaffer Haut

PFLANZENÖLE FÜR DAS BAD

DISTELÖL
auch Safloröl, ist ein vitaminreiches Öl für trockene Haut.

JOHANNISKRAUTÖL
ist ein öliger Pflanzenextrakt. Er wirkt straffend und hilft bei
wunder, unreiner Haut.

JOJOBAÖL
ist kein Öl, sondern ein Heilwachs und für jeden Hauttyp geeignet. Es ist bis zu 25 Jahre haltbar und teurer als Pflanzenöle. Besonders hilfreich ist es bei entzündeter Haut, bei
Ekzemen und Psoriasis. Es enthält wichtige Vitamine und
Mineralien, bindet Feuchtigkeit in der Hornschicht und wird
von der Haut sehr schnell aufgenommen, ohne einen Fettfilm zu hinterlassen.

MANDELÖL
enthält viel Vitamin E, das die Haut straff und glatt macht. Es
ähnelt dem Hautfett, wird also besonders gut aufgenommen,
und eignet sich für alle Hauttypen, für jung und alt, für empfindliche, trockene und normale Haut.

OLIVENÖL

aus erster Pressung ist sowohl in der Kosmetik als auch in der Ernährung ein sehr wertvolles Öl. Es hat einen starken Eigengeruch. Wer sich daran nicht stört, kann dieses hervorragende Salatöl auch zur Körperpflege von Kopf bis Fuß, einschließlich der Haare, nutzen.

SOJAÖL

ist ein leichtes, gut hautverträgliches Öl besonders für die fette und unreine Haut. Wird gern in Cremes und Lotions verarbeitet, denn es zieht leicht in die Haut ein.

SONNENBLUMENÖL

ist reich an ungesättigten Fettsäuren und Vitamin E, geruchs- und geschmacksneutral. Es läßt sich gut für Cremes, Körperlotions und Badezusätze aller Art sowie zur Pflege fetter und unreiner Haut verwenden.

BETAIN

ist unter dem Namen Tegobetain zu kaufen. Es ist eine sehr milde und hautfreundliche Waschsubstanz. Auch zum Strecken von aggressiveren flüssigen Seifen geeignet.

BORAX

Natriumtetraborat ist ein Emulgator und wegen seiner antimikrobakteriellen Eigenschaften früher häufig in Kosmetika eingesetzt worden. Inzwischen ist er in Cremes, besonders für kleine Kinder, in Verruf geraten. Im Badewasser können wir Borax als Weichmacher noch ertragen.

LV 41

ist ein Lösungsvermittler, mit dem man ätherische Öle im Wasser gut verteilbar macht. Er eignet sich auch für die Färbung von Ölen mit wäßrigen Lebensmittelfarben, wenn man keinen Emulgator verwendet.

MULSIFAN

ist ein Emulgator, der nicht erwärmt werden muß, sondern kalt in Badeöle gerührt werden kann.

ZETESOL

ist eine hochkonzentrierte Waschsubstanz, die viel Schaum produziert. Man mischt sie mit Betain. Zetesol wird für fette Haut verwendet.

Wann hilft
welches Wannenbad?

Suchen Sie in dieser Liste nach Ihrem Leiden, und Sie finden bestimmt ein Kraut, das dagegen gewachsen ist. Mindestens eins! Das können Sie dann als Kräuterauszug oder als ätherisches Öl verwenden.

Akne
Cajeput, Lavendel, Wacholder, Zitrone (entzündungshemmend).

Allergie
Cajeput, Kamille, Melisse.

Antriebsschwäche
Rosmarin (Herz), Zimt (Kreislauf, Atmung) und Basilikum, Rosmarin, Salbei (Nervensystem) wirken alle anregend.

Aufregung
Lavendel, Majoran, Salbei, Zimt, Zypresse (beruhigend).

Depression
Kamille, Lavendel, Thymian (hellen die Stimmung auf).

ENTZÜNDUNGEN

Eukalyptus, Fichte, Knoblauch, Lavendel, Rosmarin, Thymian, Wacholder, Zimt (wirken alle antiseptisch).

ERKÄLTUNG

Benzoe, Cajeput, Eukalyptus, Fichtennadeln, Ingwer, Kamille, Knoblauch, Latschenkiefer, Pfefferminze, Rosmarin, Salbei, Thymian, Zimt, Zitrone (wärmen und/oder erleichtern die Atmung).

ERSCHÖPFUNG

Basilikum, Ingwer, Knoblauch, Majoran, Rosmarin, Salbei, Thymian, Wacholder, Zimt (aufbauend und erquickend).

GEWICHTSPROBLEME

Fenchel, Wacholder, Zypresse (entschlackend und entwässernd).

INSEKTENSTICHE

Basilikum, Bohnenkraut, Lavendel, Melisse (beruhigend, abschwellend).

JUCKREIZ

Benzoe, Bergamotte, Cajeput, Eukalyptus, Kamille, Pfefferminze, Sandelholz, Tea Tree (lindernd).

KOPFSCHMERZEN

Eukalyptus, Kamille, Pfefferminze, Rosmarin, Zitrone.

KREISLAUFSCHWÄCHE

Knoblauch, Rosmarin, Thymian, Zimt, Zypresse (wirken anregend).

KUMMER (SIEHE SORGEN)

MUSKELKATER

Kamille, Pfeffer, Wacholder (lockern und lösen).

NERVOSITÄT

Baldrian, Fenchel, Jasmin, Rose, Sandelholz, Zeder (beruhigend, besänftigend).

SCHLAFLOSIGKEIT

Kamille, Kampfer, Lavendel, Melisse (beruhigen und machen schläfrig).

SCHWÄCHE

Basilikum, Bohnenkraut, Ingwer, Majoran, Muskatellersalbei, Rosmarin, Thymian, Zimt, Pfefferminze (stärkend, aufbauend).

SCHWITZ UND STRESS

Salbei, Wacholder, Zypresse (beruhigend, kühlend).

SONNENBRAND

Kamille, Lavendel, Tea Tree (lindernd und beruhigend).

SORGEN UND KUMMER

Bergamotte, Geranie, Lemongrass, Melisse, Rose, Zitrone (erheitern alle und hellen die Stimmung auf).

WUT UND ÜBERREIZUNG

Honigessenz, Lavendel, Weihrauch (besänftigen).

Die meisten Zutaten für Ihre Badefeste bekommen Sie ganz einfach in Apotheken, Reformhäusern oder sogar im Supermarkt. Ätherische Öle und spezielle Zutaten finden Sie in besonderen Geschäften, aber auch im Versandhandel. Dort werden Ihnen die bestellten Artikel zugeschickt. Am besten rufen Sie an und lassen sich eine Preisliste sowie Prospekte schicken. Außerdem können Sie in Ihrem Branchenbuch nachsehen – unter diesen Stichwörtern: Natur, Gesundheit, Kräuter, Ätherische Öle, Kosmetikzubehör, Gewürze, Parfum und Aromatherapie.

Spinnrad-Zentrale
45886 Gelsenkirchen
Am Luftschacht 3 a
Tel: 02 09 / 17 00 00
Fax: 02 09 / 1 70 00 40

In über 40 Filialen in ganz Deutschland gibt es alles, was zur Kosmetikherstellung nötig ist, auch Töpfe und Flaschen. Einige Filialen halten außerdem «Kosmetik-Rührkurse» ab. Rufen Sie an, dann bekommen Sie ausführliches Material über die Produkte.

Secret emotion
Ottenser Hauptstraße 44
22765 Hamburg
Tel. 0 40 / 3 90 29 30
Fax: 0 40 / 3 90 05 86

Ein gutsortiertes Geschäft, das so hübsch und anregend ist, daß man es sich auch ansehen sollte, wenn man nur zufällig mal in Hamburg ist. Unter anderem gibt es dort gute Blüten- und Kräuterwässer (Hydrolate) und die Bourbonvanille-Essenz.

KOSMETIK-BAZAR

27711 Osterholz-Scharmbeck
Logerstr. 4
Tel.: 0 47 91 / 83 26

Der Kosmetik-Bazar ist nicht nur ein Laden, sondern auch ein Versandhandel. Wenn Sie dort anrufen, wird man Ihnen eine Liste aller Kosmetik-Bazare in Deutschland schicken. Das sind über 30 Geschäfte.

NEUMOND – DÜFTE DER NATUR

Mühlfelder Str. 70
82211 Herrsching
Tel.: 0 81 52 / 88 00

Hier finden Sie Basisöle und ätherische Öle in großer Auswahl.

Schönes Leben
Rowohlt

Badefeste! Mit tausend-
undeinem Rezept läßt
sich der Genuß vervielfa-
chen: Samt-, Milch-,
Kräuterbäder und viele
andere betörende Ideen.
60193/DM 12,90/öS 94,-/sFr 12,50

Streicheldüfte! Welch
ein Genuß, mit einem
duftenden Baby zu
schmusen und zu spie-
len – Cremes, Massage-
öle, Badelotionen …
60191/DM 12,90/öS 94,-/sFr 12,50

Sechs Bände von Gisela Krahl mit Rezepten, Ideen und Tips zu den Themen Schönheit, Wohlfühlen und Sinnlichkeit.

60190/DM 12,90/öS 94,-/sFr 12,50

Strahlende Augen, schöne Lippen
60195/DM 12,90/öS 94,-/sFr 12,50

Schnupperinseln! Düfte
besänftigen, stimulieren
oder bezaubern uns –
ätherische Öle, Parfüms,
Duftwässerchen, Aroma-
massagen u.v.m.
60192/DM 12,90/öS 94,-/sFr 12,50

Naturkosmetik! Tips
und Rezepte für die
ganze Familie: Cremes
und Öle für groß und
klein, Pickelwässerchen,
Masken und Packungen.
60194/DM 12,90/öS 94,-/sFr 12,50